Edith Wolf · Egon Aderhold

Sprech-erzieherisches Übungsbuch

Henschelverlag Berlin 1989

ISBN 3-362-00416-4

Inhalt

I. Grundsätzliches zu den einzelnen Kapiteln	9
II. Die wichtigsten Grundgesetze des Sprechens	12
III. Haltung und Atmung	16
1. Entspannungsübungen	16
2. Atmungsübungen	19
3. Atmung und Dichtung	22
IV. Lockerungsübungen	23
V. Resonanzübungen	28
VI. Lautgriffübungen	31
VII. Wort- und Satzübungen	36
1. Atemwurf in Verbindung mit Wörtern	36
2. Kauübung in Verbindung mit Wörtern	37
3. Konsonanten	38
W, F, W–F	38
B, P, B–P	41
D, T, D–T	45
L	47
M, N	48
J, ĊH	50
S, SS, Z	51
SCH	55
G, K, G–K	57
NG	61
CH	62
R	63
4. Konsonantenverbindungen	69
5. Lauthäufungen	70
6. Vokale	71
Vokaleinsätze	71
Vokalableitungen	74
O, Ö	74
U, Ü	77
A	79
E, Ä, Umlauthäufungen	81
I	84
Vokalvergleiche	85
EU, EI, AU, Diphthongvergleiche	86
7. Befehle – Ausrufe – Ausbrüche	89

VIII. Über das tägliche Üben des Schauspielers 91
IX. Textbeispiele.. 93
   1. Lösung, Spannung; Atmung 93
      CLAUDIUS, Abendlied; GOETHE, Wandrers Nachtlied; GOETHE, Im Atemholen...; KLEIST, Michael Kohlhaas
   2. Lösung; Resonanz 95
      Japanische Gedichte
   3. Konsonanten der vorderen Artikulationsgebiete 97
      DEICKE, Im Frühling; BRECHT, Der Zweckdiener
   4. S-, Sch- und R-Verbindungen 97
      BRECHT, Der verwundete Sokrates; HIKMET, Angina pectoris; LA FONTAINE, Der Elefant und der Affe Jupiters
   5. Vokale 100
      HÖLDERLIN, Hyperion; GORKI, Widerwärt'ge, kleine Jammermenschen; HIKMET, Vom Leben; MAURER, Mittags; GOETHE, Eine wunderbare Heiterkeit...; LA FONTAINE, Die Stadtmaus und die Feldmaus; RÄHMER, Kleine Lehre für den politischen Hausgebrauch
   6. Steigerung 104
      SCHILLER, Ungleich verteilt...; GOETHE, Beherzigung; GORKI, Das Lied vom Sturmvogel
   7. Lauthäufungen 107
      GOETHE, Die Natur; MÖRIKE, Um Mitternacht; PRIEWE, Pfirsichkauf; STRITTMATTER, Krähengesang; STRITTMATTER, Nutzlast; FÜHMANN, Zweiundzwanzig Tage oder Die Hälfte des Lebens; HEINE, Lumpentum; HOLZ, Liebesgedichte

Register 123

Vorwort

Das vorliegende Buch ist kein Lehrbuch, sondern eine Sammlung von Übungsmaterial. Die Verfasser wollen nicht einer bestimmten Richtung oder »Schule« das Wort reden, sondern stellten den Stoff nach den Gesichtspunkten der modernen Sprechwissenschaft zusammen. Es wurde Wert darauf gelegt, daß das zusammengetragene Material sowohl praktisch erprobt als auch wissenschaftlich gesichert ist.
Die hier vertretene Sprecherziehung steht im Gegensatz zu jeder mechanistischen Lehre, deren Übungen vorwiegend auf äußere Mechanik und Geläufigkeit abzielen. Darum muß der Benutzer dieses Buches um die sprecherzieherischen Belange wissen und mit der hier vertretenen Methode sinnbezogener und vitaler Sprecherziehung vertraut sein. Das vorliegende Übungsbuch findet seine sinnvolle Ergänzung in dem Lehrbuch von E. ADERHOLD: »Sprecherziehung des Schauspielers, Grundlagen und Methoden«, Berlin 1963 (Henschelverlag).
Zur Benutzung des Buches: Die hier angegebene Reihenfolge entspricht dem Prinzip vom Leichten zum Schweren. Dabei wurden die praktischen Erfahrungen der Verfasser dem Aufbau des Buches zugrunde gelegt. Selbstverständlich muß diese Reihenfolge der Übungen nicht eingehalten, sondern kann entsprechend dem individuellen Schwierigkeitsgrad verändert werden.
Bei den Wortübungen ist anfangs auf Laute der hinteren Artikulationsgebiete und auf die schwierigen Vokaleinsätze verzichtet worden. Darum ist es dem Anfänger möglich, zuerst nur sein Augenmerk auf die Laute der vorderen Artikulationsgebiete zu richten. Wo dennoch gegen dieses Prinzip verstoßen werden mußte, wurde das betreffende Wort in eine Klammer gesetzt.
Die im Anhang aufgeführten Textbeispiele sollen nur jeweils als *ein* Beispiel für viele gelten. Die Auswahl ist darum lückenhaft und kann nicht dem künstlerisch-praktischen Bedürfnis der gesamten schauspielerischen Ausbildung Rechnung tragen.

I. Grundsätzliches zu den einzelnen Kapiteln

Die Verfasser dieses Übungsbuches halten eine gute Beherrschung der sogenannten *kombinierten Atmung* (costo-abdominal) für unersetzlich und für das Primat jeder sprecherzieherischen Beeinflussung.
Voraussetzung für die richtige Atmung ist eine gute *Körperhaltung*, die der Lösung wie auch leistungsfähiger Spannung Rechnung trägt. Aus diesem Grunde gehört zur Sprecherziehung des Schauspielers auch die Erziehung zu der Fähigkeit, den Körper sowohl (aktiv) entspannen als auch spannen zu können, letzteres im Sinne einer vom Sprecher in jeder Situation und bei jeder schauspielerischen Aufgabe beherrschten *Atemstütze*.
Die Sprecherziehung ist nur insofern der Persönlichkeit des jeweiligen Erziehers verpflichtet, als sie dessen praktische Erfahrung und persönliche Methode bei der Aberziehung bestimmter Fehlleistungen und Anerziehung der natürlichen Sprechfunktionen nutzt; sie ist hingegen heute gesichert vor der Willkür und nur subjektiven vorwissenschaftlichen Erfahrung einzelner, deren Sprech- und Stimmerlebnis meist nur intuitiv erfaßt und ohne entsprechende wissenschaftlich fundierte Klärung weiter vermittelt wird.
Die heutige Sprecherziehung weiß sich in Übereinstimmung mit den modernen Forschungsergebnissen und lehrt die Beherrschung erkannter und beschriebener Funktionen. Darum werden in einem gesonderten Abschnitt dieses Übungsbuches die wichtigsten *Gesetze des Sprechens* zusammengestellt. Der Sprechpädagoge muß diese Gesetze berücksichtigen. Der Verstoß auch nur gegen eine dieser Voraussetzungen führt zu sprecherischen Fehlfunktionen entsprechender Art. Nur so ist richtiges Sprechen überhaupt lehr- und erlernbar, und Sprechenlernen – im Hinblick auf die komplizierten sprecherischen und sprachlichen Leistungen des Schauspielers – ist im letzten nichts anderes als der Erwerb von Funktionen, deren Ablauf bestimmt wird vom Bau des menschlichen Körpers in seiner umfassenden Ganzheit, von dem Zusammenspiel aller physischen und psychischen Kräfte.
Nach diesem Gesichtspunkt richtet sich auch das *Übungsmaterial*.

Die Zahl der Übungen, das heißt die Variationsmöglichkeit und Modifizierung der einzelnen Übungen, ist praktisch unendlich. Das hat seinen Grund in der ebenfalls unbegrenzten Mannigfaltigkeit der menschlichen Lautbildungsmöglichkeiten überhaupt. Darum kann ein Übungsbuch nur eine gewisse Anzahl von Übungen bieten; wobei auch hier der Willkür nicht Tor und Tür geöffnet sind, sondern das Übungsmaterial der jeweiligen sprecherischen Leistung und Forderung Rechnung zu tragen hat, wodurch sich von selbst eine Gliederung und Einschränkung ergibt. Hier bleibt es der Erfahrung und Methode des Lehrers überlassen, wie er die Übung anwendet oder Variationen zu bestimmten Grundübungen findet, mit deren Hilfe er den individuellen Bedürfnissen seines Schülers entsprechen kann.

Allerdings unterscheidet sich die moderne Sprecherziehung, die den ganzen Menschen in seiner Persönlichkeit und nicht nur seine Artikulationsorgane erfassen will, auch in der Methodik von der veralteten mechanistischen Sprecherziehung. Im Gegensatz zu dieser zielt das Übungsbuch nicht nur auf ein Training der Sprechwerkzeuge ab, sondern schult den sinngebundenen sprecherischsprachlichen Gesamtausdruck und bietet so Gewähr für die Anwendung der technischen Fertigkeiten in der Übungslage und vor allem in der sprecherischen Praxis (auch im Alltagsgespräch). Aus diesem Grunde wird den *Wort- und Satzübungen* der größte Raum zuerteilt. Die Zusammenstellung der Wörter erfolgte unter Berücksichtigung der Koartikulationsgesetze, wonach schwierige Laute mit physiologisch günstigeren Lauten gekoppelt wurden.

Die angeführten Beispiele aus der Dichtung dienen vorwiegend der praktischen Erprobung sprechtechnischen Könnens an *Textvorlagen* unterschiedlichen Schwierigkeitsgrades.

Auf die Darstellung der mannigfaltigen Lautbildungsfehler durch Artikulationsverlagerungen wurde verzichtet. Hingegen wird für den jeweils neuen, zu erarbeitenden Laut dessen *physiologische Bildungsnorm* beschrieben.[1]

Zur *Methodik* der Sprecherziehung sei gesagt, daß an den Schauspielschulen neben dem Einzelunterricht der Gruppenunterricht empfohlen wird, da hier der Schüler sich an den größeren Hörerkreis gewöhnen muß und sein Urteilsvermögen und die Fähigkeit funktionellen Hörens in erheblichem Maße schulen kann. Für den Gruppenunterricht ergeben sich neue Möglichkeiten der Übungsweise durch die Einbeziehung eines hörenden oder nachsprechenden Partners und dadurch, daß zu der Selbstkontrolle des jeweilig

---

[1] Die Beschreibung geschah vorwiegend nach den Untersuchungsergebnissen von H.-H. WÄNGLER, Atlas deutscher Sprachlaute, Berlin 1958.

sprechenden Schülers sich die Fremdkontrolle gesellt, womit sich die sprecherischen Leistungen leichter objektivieren lassen. In einem gesonderten Abschnitt wurde alles zusammengestellt, was der fertige Schauspieler (und bedingt auch der Schauspielschüler) für das *tägliche Training* als Übungsablauf verwenden kann, wenn er seine stimmlichen und artikulatorischen Mittel erhalten und schulen will. Selbstverständlich wird sich der einzelne dabei in erster Linie nach seinen individuellen Bedürfnissen zu richten haben.

II. Die wichtigsten Grundgesetze des Sprechens

1. Der Sprecher muß die *Spannungsverhältnisse* seines Körpers bewußt kontrollieren und verändern können.
Um die jeweils geforderte Leistung nur mit dem geringsten (der Aufgabe adäquaten) Kraftaufwand vollbringen zu können, müssen alle peripheren Mehr- und Überspannungen des Körpers vermieden werden. Jede Verkrampfung der Gesichts- und Halsmuskulatur, aber auch des Rumpfes und der Extremitäten wirkt sich ungünstig auf den Sprechablauf und die damit verbundene Stimmgebung aus.
Aber auch körperliche Laschheit (Unterspannung) führt ebenfalls zu artikulatorischen und stimmlichen Fehlleistungen.

2. Eine *natürliche Körperhaltung* mit einem der geforderten Leistung entsprechenden wohlausgewogenen Verhältnis von Gespannt- und Entspanntheit ist die Voraussetzung für richtiges Sprechen.
Das Becken darf nur geringe (kaum spürbare) Neigung nach vorn, aber auch keine übertriebene Neigung nach rückwärts zeigen; dem aufrecht Stehenden soll ein vertikaler Zug nach oben durch die gesamte Wirbelsäule, der sie nahezu völlig streckt, bewußt werden. Die Schultern mit den Schulterblättern folgen einem Gegenzug nach unten, mit leichter Tendenz nach rückwärts. Der Schwerpunkt des ruhig stehenden, aufrechten Menschen liegt in einer Vertikalebene, welche durch Sprung-, Knie-, Hüft- und Schultergelenke hindurchgeht; der Schwerpunkt selbst fällt in den Beckenraum.

3. Richtiges Sprechen ist nur bei *kombinierter Atmung* (Zwerchfell-Rippenatmung = sogenannte Vollatmung) möglich. Die Atemmenge entspricht der Länge des jeweilig zu sprechenden Sinnabschnittes; forcierte Einatmung ist sinnlos und schädlich. Für die Atmung ohne phonatorischen Zweck (respiratio muta) gilt immer die Nasenatmung; der Sprechende vermeide hörbares Luftschnappen und nutze jede Gelegenheit — wo es der Sprechablauf

erlaubt −, durch die Nase zu atmen. Die Ausatmung während der Phonation geschieht bei elastischem Einsinken der Bauchdecke, während gleichzeitig die Muskulatur des Brustkorbs in inspiratorischer Spannung gehalten wird (Atemstütze).

4. Für die Bildung einer klang- und modulationsfähigen Stimme ist es notwendig, die *Weite der Resonanzräume* zu sichern. Der Sprecher soll im Bereich der Artikulationsräume und der Kehle (faukale Weite) das subjektive Gefühl eines wohligen Entspanntseins haben, wodurch jede stimmliche Tätigkeit als befreiend empfunden wird.

Diese Weite wird erreicht:
wenn sich der Kehlkopf während der Phonation in natürlicher Tiefstellung befindet;
wenn, entsprechend der tiefen Lage des Kehlkopfes, die Zungenwurzel möglichst flach gestreckt bleibt, ohne sich zu stark gegen die Rückwand der Kehle und des unteren Rachenraumes zu verdicken;
und wenn das Gaumensegel ohne Fehlspannungen seine Verschluß- und Öffnungsfunktion mühelos erfüllt.

5. Eines der wichtigsten Gesetze ist das der *ausschöpfenden Bewegung der Sprechwerkzeuge*, vor allem der Lippen, der Zunge und des Unterkiefers. Innerhalb der für jeden Laut entsprechenden Artikulationsbreite (gemessen an der Norm der deutschen Hochlautung) müssen die Sprechwerkzeuge die für den einzelnen Laut und seine Lautverbindungen charakteristischen Bewegungsabläufe durchführen (Vorstellung von Lautgriffen) und nicht nur andeuten.

Für die Formung der Laute ist dabei zu gewährleisten:
die »Hochrundeinstellung« der Lippen, welche auch bei den Vokalen »i« und »e« keinen forcierten Breitzug zuläßt, die Bildung des sogenannten Mundvorhofes, welcher eine natürliche, ungekünstelte Verlängerung des Ansatzrohres im Bereiche der Lippen ermöglicht;
der Kontakt der Zungenspitze mit den Schneidezähnen (Zungenkontakt genannt) bei allen Vokalen und Konsonanten (mit Ausnahme des [sch]);
eine dem Laut entsprechende Kieferöffnungs-weite.
Durch diese Hochrundstellung der Lippen und durch den Zungenkontakt läßt sich die Stimme an Hand der entsprechenden Beispiele gut verbessern.

6. Die Stimme des Sprechers überschreite nicht ihre individuelle *natürliche Sprechtonlage* (Indifferenzlage); außerdem müssen die Ein- und Absätze der Stimme mühelos vollzogen werden.
Die Indifferenzlage befindet sich im unteren Drittel des Gesamtstimmumfanges. Überspannungen und Verkrampfungen führen zum Über- oder Unterschreiten der Indifferenzlage, das heißt vorwiegend zu überhöhtem Sprechen, welches Stimmschädigungen verursacht. Bei den Stimmeinsätzen muß beachtet werden, daß in der deutschen Sprache neben den Konsonanteneinsätzen (weiches *Anschaukeln* der Stimmlippen) zwei grundsätzlich verschiedene Vokaleinsätze zu unterscheiden sind:
a) Schließeinsatz: Der Vokal wird von einem *H* eingeleitet, wobei die Stimmlippen aus offener Stellung zum Verschluß gebracht werden;
b) Sprengeinsatz: Vokaleinsatz (bei vokalanlautenden Wörtern) mit *hygienischem Glottisschlag* (die locker aneinanderliegenden Stimmlippen werden federnd mit unbehauchtem physiologischem Glottisschlag geöffnet). Die Erarbeitung dieses Vokaleinsatzes gehört zu den lautphysiologisch schwierigsten Aufgaben jeder Stimmbildung und gelingt nur bei Beachtung aller angeführten Grundgesetze fehlerlos.

7. Der Sprecher muß seine Stimme genau kennen und durch ein besonders *geschultes Gehör* die kleinste stimmliche und artikulatorische Veränderung wahrnehmen können.
Er erwerbe daher die Fähigkeit funktionellen Hörens, das ist die Fähigkeit, von dem Klang der Stimm- und Geräuschlaute auf die Art ihrer Bildung (auf die Funktion der Artikulationsorgane) zu schließen.

8. Lautreines und hygienisches, sinn- und bedeutungsvolles Sprechen setzen im Sprecher sowohl einen bewußten *Formungs- als auch Mitteilungswillen* voraus.
Formungs- und Mitteilungswille müssen in einem bestimmten wechselseitigen Verhältnis stehen, da der Ausfall einer der Faktoren entweder formale Schönsprecherei oder unverständliches Gerede zur Folge haben muß.

9. Sprechen ohne Gerichtetheit, ohne *Hörer- und Raumbezug*, ist ohne Sinn.

10. *Sprechen* ist ein komplexer Vorgang; der ganze Mensch ist am Sprechen beteiligt; die Sprechfunktion setzt den sprachlichen Be-

stand[1] voraus, sie ist an die Tätigkeit des Zentralnervensystems gebunden.

Deshalb ist die Trennung des sprecherischen Gesamtgeschehens in zehn Grundgesetze künstlich und dient rein theoretischen Zwecken; für die sprecherische Praxis gilt die Einbeziehung aller Faktoren in den sprecherisch-sprachlichen Gesamtprozeß.

[1] Das ist der Wortschatz, die Grammatik, kurz alles, was allgemein als die Sprache eines Volkes bezeichnet wird und was unabhängig vom sprecherischen Vollzug *besteht*.

III. Haltung und Atmung

1. Entspannungsübungen

Sinn der Übungen
Durch die Übungen soll die Fähigkeit erworben werden, den Körper *aktiv* — also bewußt — entspannen zu können. Im Zusammenhang damit wird die Konzentration auf das gesamte Spannungsverhältnis des Körpers gelenkt, wodurch der Übende allmählich fähig wird, jede Fehlspannung wahrzunehmen und abzustellen. Es geht dabei vor allem um die bewußte Kontrolle.
Durch ein autogenes Training soll das Nervensystem von unnötigen Mehrbelastungen befreit und der jeweiligen Aufgabe dienstbar gemacht werden.
Lediglich in der Übung des Rückenklopfens verhält sich der Übende passiv. Darum hat die Übung nur den Sinn, besonders Verkrampften oder hartnäckigen Hochatmern die Vollatmung zu erleichtern, die sich durch die Klopfmassage von selbst einstellt. Der so Behandelte fühlt sich nach dieser Übung erfrischt, weshalb sich die Übung auch nach anstrengender körperlicher Arbeit und nach jeder starken Belastung empfiehlt.
Die angeführten Entspannungsübungen dienen nur zur Anregung. Sie können beliebig erweitert und vermehrt werden — entscheidend bei jeder Übung bleibt die Verwirklichung des angestrebten Prinzips.

Entspannung im Liegen
Man gehe im Liegen den Körper in Gedanken von der Sohle bis zum Scheitel durch und kontrolliere die völlige Entspanntheit jedes Körperteiles. Dabei sollen die Glieder der eigenen Schwere nachgeben und die Härte der Unterlage empfinden. Darum werden solche Übungen am besten auf dem Fußboden durchgeführt.
Die Übung wird anfangs in der Rückenlage gemacht. Man beachte, daß die Füße völlig entspannt sind — sie drehen sich dann durch eine Oberschenkelbewegung nach außen —, daß aber auch die Hände und Finger keinerlei Krampf aufweisen; ebenfalls müssen Becken, Schultergürtel und Kopf schwer auf dem Boden lasten. Durch leichtes Kopfdrehen kann der Grad der Halslockerung kontrolliert werden.

Diese Entspannungsübung kann durch eine autosuggestive For-   Autogenes
mel[1] unterstützt werden. Der Liegende lenkt seine Aufmerksam-   Training
keit zuerst auf den rechten Arm und führt dessen Lösung herbei,
indem er etwa folgenden Satz sagt (auch mehrmals hintereinander): »Ich bin ganz ruhig – mein rechter Arm ist ganz schwer.«[2]
Danach wird die Aufmerksamkeit auf den linken Arm, später auf
die Beine – und so fort in ähnlicher Weise – übertragen. Nach
einiger Übung, während der man sich von nichts ablenken lassen
soll, erreicht man die Lösung mühelos, wodurch auch bestimmte
nervöse Erscheinungen, wie Muskelzucken oder Schlaflosigkeit,
auch vielfach Kopfschmerzen überwunden werden können. Diese
Übung gelingt nur nach mehrwöchentlichem Training.
Gelingen diese Übungen völlig, so stellt sich die Tiefatmung von
selbst ein; und wenn das Gefühl des Entspanntseins auch auf die
Sprechübungen im Stehen übertragen werden kann, sind besondere Atmungsübungen nicht mehr nötig!

Schließlich soll auch in der Bauchlage der höchstmögliche Grad an   Flanken-
Gelöstheit erreicht werden. In dieser Lage wird dabei die Strek-   und Rücken-
kung des Körpers deutlicher empfunden, und die Atmungsbewe-   atmung
gungen werden auch in den hinteren seitlichen Teilen des Brustkorbes und der Gürtellinie bewußt. Der Kopf ruhe auf einer Gesichtshälfte; die Arme können sowohl als Unterlage für das Gesicht dienen als auch über dem Kopf halb ausgestreckt sein oder
auch dem Körper leicht anliegen, wobei die Handflächen nach
oben gekehrt sind.
Die Atmung in der Bauchlage ist bereits aktiver als die in der entspannten Rückenlage.
Man achte stets darauf, daß die Einatmung durch die Nase, die
Ausatmung durch den Mund geschehe, wobei sich die Luft ein
wenig an dem Innenrand der Lippen reiben soll (etwa wie beim
Pusten über heißes Essen).
Die Lockerheit und Entspannung des gesamten Körpers ist auch   Entspannung
im Sitzen zu erzielen. Anfangs benutze der Übende die Rücken-   im Sitzen
lehne als Stütze der Wirbelsäule dicht oberhalb der Lenden, indem er möglichst die ganze ungepolsterte Sitzfläche einnimmt.
Der Lösungsgrad des Körpers im Sitzen ist nicht so hoch wie der
im Liegen, da dem Zusammensinken des aufrechten Oberkörpers

---

1 Wie man sie z. B. für das autogene Training im Zusammenhang mit der
Schlaftherapie mit Erfolg anwendet.
2 Vgl. J. H. Schultz, Die seelische Krankenbehandlung, 5. Aufl., Jena
1943, S. 127ff. – Vom gleichen Autor: Das autogene Training, 5. Aufl.,
Leipzig 1942.

jetzt die gestreckte Wirbelsäule entgegenwirken muß. Dennoch soll auch der Sitzende ein Gefühl der Entspanntheit haben. Später vermeide man ein Anlehnen des Körpers und benutze nur das vordere Drittel der Sitzfläche, wobei die Füße vor den Stuhlbeinen Halt auf dem Boden finden und zugleich die Wirbelsäule mühelos den Körper aufrecht hält – die Arme hängen beiderseits der Sitzfläche herunter.

Entspannung der Hals- und Gesichtsmuskulatur

In dieser Haltung können folgende Entspannungsübungen durchgeführt werden:
Kopf bei gleichzeitiger Ausatmung auf die Brust fallen lassen. Jetzt den Kopf mit der Einatmung (durch die Nase) über die Schulter nach hinten drehen (das Gesicht ist dabei nie seitwärts gekehrt). Auf der äußersten hinteren Neigung des Kopfes mit der Drehung und Atmung einen Moment verharren; dann auf der Ausatmung Kopf wieder nach der anderen Seite in Ausgangsstellung drehen.
Die gleiche Übung probiere man mehrmals, jeweils die Umdrehungsrichtung ändernd. Der Kopf soll sich völlig entspannt bewegen: Die Drehung geschieht bei Aufwärtsbewegung des Kopfes aktiv, bei Abwärtsbewegung (sowohl in die äußerste hintere Neigung als auch in die extreme Vorneigung) passiv, der eigenen Schwere folgend.
Schließlich übe man *einen* Einatmungszug auf einer *ganzen* Umdrehung, wie ebenfalls die entsprechende Ausatmung auf der entgegengesetzt gerichteten *ganzen* Umdrehung. Die Gesichtsmuskulatur bleibe bei dieser wie bei allen folgenden Übungen dergestalt entspannt, daß weder Stirn noch Brauen und Augenwinkel Kontraktionen aufweisen; auch die Halspartien dürfen keine Muskelüberspannungen erkennen lassen.

Entspannung im Stehen

Schließlich muß der Übende fähig sein, sich auch im Stehen aktiv entspannen zu können. Es versteht sich, daß der Lösungsgrad gegenüber dem Liegen und Sitzen geringer ist, denn nun müssen Wirbelsäule, Becken und Beine die eigene Schwere sowie die Schwere des Körpers tragen.
Die aktive Entspannung gilt in dieser Haltung vor allem der Gesichts-, Hals- und Schultermuskulatur sowie den frei hängenden Armen und einem unverkrampften Bewegungsablauf der Brustmuskulatur. Der Übende beobachte zu diesem Zweck in einem großen Spiegel seine Haltung, insbesondere ob es ihm gelingt, die Schulterkuppen und Arme in der seitlichen Ebene schwer herabhängen zu lassen, bei senkrecht aufwärtsstrebender Wirbelsäule.

Dabei können folgende Übungen vorgenommen werden: leichtes Schulterkreisen, Schwingen und Fallenlassen der Arme und des Oberkörpers.

Der Übende lasse seinen Oberkörper nach vorn fallen, wobei Kopf und Arme, der eigenen Schwere folgend, nach unten hängen. In dieser Haltung atme er aus und warte so lange mit der Einatmung, bis der Reiz hierzu besonders stark geworden ist. Nun wird die Luft »eingeschlürft«, indem die Lippen vorgestülpt werden, wie um eine Flüssigkeit aus einer Schale zu schlürfen. Dabei ist die kalte Luft am Innenrand der Lippen und an den einander genäherten Schneidezähnen zu spüren. Während solcher Einatmung beklopfe eine zweite Person mit den Handkanten locker und federnd den Rücken des Atmenden. Die klopfenden Hände beschreiben dabei einen Kreis, beginnend unterhalb des Herzens, links herum über den ganzen Rücken bis zurück zum Herzen (Wirbelsäule darf nicht beklopft werden!). {Klopfmassage}
Dann halte der Übende, wenn die Lungen voll sind, den Atem so lange an, bis der Ausatmungsreiz besonders stark ist – während der Atmungspause wird der Rücken weiter beklopft –; dann wird die Luft – indem zugleich die Massage aussetzt – mit einem Male aus vollen Wangen herausgeblasen. Diese Übung führe man etwa dreimal durch.

Erst wenn die Fähigkeit, zu jeder beliebigen Zeit den Körper zu entspannen, völlig beherrscht wird, lasse man andere Übungen folgen.

2. Atmungsübungen

Alle Übungen dieses Buches führen nur zum Erfolg und sind nur dann sinnvoll, wenn an ihnen zugleich die richtige Atmung berücksichtigt und erprobt wird. Darum ist das in den Atmungsübungen angeführte Prinzip auf jede andere Übung, wie überhaupt auf das lebendige Sprechen zu übertragen. Die Atmungsübungen haben ihr Ziel erreicht, wenn der Übende ohne Anstrengung, gleichsam spielend, die kombinierte Atmung beherrscht. {Sinn der Übungen}

Im Sinne des zweiten Grundgesetzes des Sprechens muß neben dem Vermögen des aktiven Entspannens auch die Fähigkeit gesunden Spannens des Körpers erlernt werden. {Haltung}
Zu diesem Zweck lehne man sich bequem an die Wand und ent-

spanne den ganzen Körper. Man stelle sich vor, man betrachte, an einen Baum gelehnt, ruhig und ausgeglichen die Schönheit zum Beispiel einer abendlichen Landschaft (vergleiche CLAUDIUS' »Abendlied«); wenn es gelingt, dieses Bild völlig in sich Gestalt werden zu lassen, tritt die Tiefatmung in den meisten Fällen von selbst ein.

Danach verlasse man die stützende Rückfläche und stelle sich frei auf, die Beine ein wenig in Grätschstellung, die Wirbelsäule gestreckt, so daß auch Hals und Kopf aufgerichtet sind. In dieser Haltung atme man in folgendem Rhythmus aus und ein:

ausatmen — Pause (Einatmungsreiz abwarten) —
einatmen — Pause (Ausatmungsreiz abwarten) —
ausatmen — Pause (wie oben) —
einatmen — Pause (wie oben) —

Die Einatmung erfolgt durch die Nase, die Ausatmung durch den Mund (letzteres immer in leicht blasender Weise, wobei die Lippen dem austretenden Luftstrom einen leichten Widerstand entgegenbringen).

Wenn die Einatmung noch immer nicht genügende Tiefatmung erkennen läßt, halte man ein Nasenloch zu. Hierdurch verstärkt sich der inspiratorische Zug, wodurch das Zwerchfell zu größerer Aktivität angeregt wird.

Atemschnüffeln Zur Tiefatmung verhilft auch sogenanntes Atemschnüffeln: Der Übende sauge die Luft dreimal hörbar durch die Nase mit kräftigen, aber kurzen Stößen. Zwischen jedem Stoß liege eine kurze Pause, während der die Bauchmuskulatur aber nicht an Spannung verlieren darf.

Also:
ausatmen — Pause — 3 ×einschnüffeln
(mit kurzen Unterbrechungen) — Pause —
ausatmen — und so fort

Die Hände können dabei kontrollierend in die Hüften gelegt werden, wobei die Ellenbogen nach hinten weisen. Der Einatmende spürt die Erweiterung des Gürtelumfangs mit jedem Atemstoß.

Exspiration Nach Beherrschung dieser Grundfunktionen erfolge die Ausatmung (Exspiration) auf stimmlosen, dann auf stimmhaften Konsonanten, wie

[f, ss, w, s],

dann im Wechsel von

[f w— , ss — s] und so weiter

Um die Phonation durch die Atemstütze zu erleichtern, stelle sich der Übende vor, daß zwischen Kreuzpunkt (= Körpermitte, fixiert etwa dort, wo die Wirbelsäule sich fest ins Becken einfügt) und Brustbein ein stützendes Stäbchen in sagittaler Ebene angebracht ist, das das Zusammenfallen des oberen Brustkorbes verhindert. *Stütze*

Bei Beibehaltung der inspiratorischen Spannung der Brust-Atmungs-Muskulatur atme man auf obengenannten Konsonanten aus, wobei man sich eine Linie vorstelle, die vom Sprecher bis zum Hörer (oder einem gedachten Punkt) reicht.

Man kann dabei den Bogen zwischen Sprecher und Hörer auch durch eine dem Atmungsstrom adäquate Armbewegung versinnbildlichen. Wichtig ist dabei, daß der akustische Vorgang mit der körperlichen Bewegung synchron verläuft!

Die Übungen können beliebig erweitert und ergänzt werden: Die Ausatmung kann zum Beispiel willkürlich mehrmals unterbrochen werden (ohne neu einzuatmen); man kann die Stimme während der Phonation zum Beispiel eines [w] an- und abschwellen lassen – immer aber ist zu beachten, daß die Indifferenzlage nicht verlassen wird.

Entscheidend für das richtige Erlernen der Atmung ist, daß der Übende auch außerhalb der Übungssituation seine Atmung bewußt kontrolliere. Auch im täglichen Leben, bei Spaziergängen und dergleichen, empfiehlt es sich für jeden, der von der Tiefatmung abgekommen ist, sie allmählich wieder zu erlernen.

Nach einer Pause von einigen Sekunden läßt man einen kleinen Teil der eingeatmeten Luft durch eine ganz kleine Lippenöffnung entweichen. Den Rest des Atems hält man wieder einige Sekunden, um dann wieder einen kleinen Teil durch die Lippen herauszulassen, und dies wiederhole man so lange, bis der ganze Atem heraus ist. Die Lippen müssen während der Unterbrechung der Ausatmung geschlossen und beim Entweichen der Luft ganz locker sein. *Lungenfeger*[1]

1 Nach L. KOFLER, Die Kunst der Atmung, 20. Aufl.; übersetzt von SCHLAFFHORST und ANDERSEN, besorgt von P. VOGLER; Kassel und Basel 1951, S. 62

3. Atmung und Dichtung

Sinn der Übung
Aussagegehalt und Sinn der Dichtung sollen sprechend erfaßt werden, und die eigene Atmung soll sich dem Atmungsrhythmus der Dichtung anpassen. In diesem Sinne kommt jedem dichterischen Werk befreiende (therapeutische) Wirkung zu.

Die vier hier angeführten Beispiele[1] sind selbstverständlich durch *jeden* anderen Text aus der Dichtung zu erweitern. Durch mehrmaliges halblautes Lesen sind der Sinn und die Aussage zuerst zu erfassen. In den Gedichten »Abendlied« und »Wandrers Nachtlied« lasse man den Bildgehalt auf sich einwirken.

Auf diese Weise gelingt es, den der Dichtung innewohnenden Rhythmus zu erfassen und sprechend wiederzugeben. Der Sprechende läßt die befreiende und formende Kraft des dichterischen Werkes auf sich einwirken und umgekehrt das Kunstwerk durch seine Persönlichkeit Gestalt werden. Dabei läßt sich leicht erkennen, daß die Atmungseinschnitte nicht willkürlich oder unter dem Zwang des Gasaustausches gesetzt werden, sondern daß jede Atmungspause mit dem Ende eines Sinnabschnittes zusammenfällt und daß die Größe der jeweils zu erneuernden Atemkapazität von der Länge eines Gedankens abhängt. Atmung und Gestaltung stehen danach in einem untrennbaren Zusammenhang und klaffen nur dort auseinander, wo der Sprechende gedankenlos nur die äußere Form wiedergibt und wo andererseits die Form durch sinn- und bildwidrige Willkür vergewaltigt wird.

1 Siehe S. 93ff.

IV. Lockerungsübungen

Die Lockerungsübungen sollen die Artikulationsorgane lockern und zugleich für ihre Aufgaben aktivieren. Durch vor allem intensive Lippen- und Zungenübungen soll die Sprechfunktion aus den hinteren Artikulationsbezirken in den vordersten Artikulationsbereich geführt werden. Der Übende soll mit der Lockerheit der Artikulationsorgane die suggestive Vorstellung des sogenannten »Vornesprechens« verbinden. Wie alle sprecherzieherischen Übungen, so nutzen auch diese das Prinzip der Koartikulation (gegenseitige Beeinflussung der Laute). Darum sind diese wie alle nachfolgenden Übungen Teil einer Ableitungsmethode, wonach Laute der hinteren Artikulationsgebiete sowie die reinen Mundlaute (Vokale) durch Laute der vorderen Artikulationsgebiete günstig stimmhygienisch beeinflußt werden. Das Buch ist also nach den Prinzipien der Koartikulation aufgebaut. — Sinn der Übungen

Die Pleuelübung ist eine tonlose Zungenübung. Die Zungenspitze liegt dabei fest an den unteren Schneidezähnen an. Der Zungenkörper schnellt weich federnd vor und zurück, bis über die fixierte Zungenspitze und das Zahngehege der weitgeöffneten Kiefer hinaus und zurück in die Ausgangsposition. — Pleuelübung[1]

Mit der Pleuelübung ist eine Gähnstellung zu verhindern. Es handelt sich dabei um ein Gähnen, wie man es bei geschlossenem Munde (ein sogenanntes Höflichkeitsgähnen) durchführt. Durch die Gähnmechanik wird der Kehlkopf locker in die Tiefe gezogen, dabei werden die Kehl- und Rachenräume maximal geweitet. Die Pleuelübung hingegen übt einen kräftigen Gegenzug nach oben durch die Zunge aus; dadurch wird der Kehlkopf federnd auf- und abwärts bewegt, was zugleich auf die Stimmlippen einen spannenden und wieder lösenden Einfluß ausübt. Die Pleuelübung in Verbindung mit der Gähnmechanik stellt — Gähnübung

---

[1] Nach der Beschreibung durch H. FERNAU-HORN, »Zur Übungsbehandlung funktioneller Stimmstörungen«, in dem von ihr gehaltenen Vortrag auf dem Internationalen Kongreß für Logopädie und Phoniatrie, Zürich, 3. 9. 1953.

also eine natürliche Stimmlippenmassage und -gymnastik dar, die wir jedem Berufssprecher dringend empfehlen.[1]
Durch ein Zurückbeugen des Kopfes während der Pleuelbewegung wird der Zug am Kehlkopf durch die Zunge und der Gegenzug durch den musculus sternothyreoideus[2] besonders deutlich empfunden.

Zungenschleuderübung Wie in der Pleuelübung soll durch energische Zungenbewegungen auch bei der Schleuderübung sowohl das Geschehen im Kehlkopf als auch im Ansatzrohr beeinflußt werden. Es sind Silben, wie

blom, blum, blam (und so fort auf allen Vokalen)

zu bilden. Die Wangen werden etwas aufgeblasen, so daß sich hinter den locker verschlossenen Lippen (im Mundvorhof) die Luft zur Explosion staut.
Die vorschnellende an der Oberzahnreihe anschlagende Zunge sprengt mit dem [l] den Lippenverschluß und wird aus dem Munde »hinausgeschleudert«.

Lippenflatterübung Eine wichtige Lockerungsübung, die auch bei starken Verlagerungen und gewohnheitsmäßigem Pressen die Stimmgebung günstig beeinflußt und den Krampf in den hinteren Artikulationsbereichen löst, ist das sogenannte Lippenflattern, wie es Kinder häufig zu ihrem Vergnügen und zur Nachahmung des schnaubenden Pferdes oder eines angeworfenen Motors machen. Die Kiefer sind nicht ganz geschlossen. Oft gelingt die Übung bei leicht vorgeschobenem Unterkiefer besser. Der Ausatmungsstrom wird mit leichtem Druck gegen die sanft verschlossenen Lippen geführt, bis sie elastisch zu flattern beginnen. Die Vibration der Lippen teilt sich der gesamten unteren Gesichtshälfte mit.
Die Übung wird erst tonlos, dann stimmhaft ausgeführt. Nimmt der Atemstrom ab, so bleiben die Lippen leicht aufeinander liegen; es entsteht ein bilabiales [w].

Lippenblähübung Ähnlich der eben beschriebenen Übung werden auch in der folgenden die Lippen von dem Atemstrom aufgebläht wie zu einer Seifenblase. Die Blase wird zum Platzen gebracht, und die Lippen formen einen Vokal.

---

[1] Bei mangelndem Stimmlippenverschluß, verursacht durch falsches Singen oder Sprechen, ist diese Übung unbedingt zu verwenden. Allerdings ist bei allen Übungen dieses Buches zu beachten, daß die Erfahrung eines geschulten Sprecherziehers für ihre Anwendung unerläßlich ist.
[2] Der musculus sternothyreoideus greift einerseits am Schildknorpel des Kehlkopfs, andererseits am Brustbein an.

In dieser Übung sind also die Lippen bereits aktiver in der Formgebung.
Man bilde auf diese Weise folgende Silben, wobei die Zunge wie etwa in der Schleuderübung in Gemeinschaft mit den Lippen die Laute wieder weit vorverlagert:

ba-ba-bō, ba-ba-bū, ...[1]
bla̗-bla̗-blō, bla̗-bla̗-blū, ...

Der letzte Vokal, der entsprechend unserer Vokalreihe wechselt, wird lang ausgehalten und von Lippen und Zunge gut ausgeformt. Die jeweils vorausgehenden Silben können beliebig oft wiederholt werden, so daß erst dann der lange Vokal gebildet wird, wenn der Übende mit den Vorsilben das Empfinden verbindet, gelöst und »halsfrei« zu sprechen.

Wenn die Stimme noch immer nicht frei wird oder wenn nach längerem lautem Sprechen eine gewisse Ermüdung zu spüren ist, empfehlen sich folgende Lockerungsübungen:

Kopf leicht vorneigen und kräftig während gleichzeitiger Stimmgebung schütteln. Dabei flattern Lippen und Wangen. — Kopfschütteln

Während der Bildung eines bilabialen [w] wird der Unterkiefer leicht und locker nach den Seiten sowie vor- und rückwärts bewegt. Diese Kieferschüttelübung kann auch auf die Bildung einzelner Silben übertragen werden: — Kieferschütteln

wom, wum, wam, ...

Die nächste Übung wurde Glöckchenübung genannt, weil dabei die Zungenspitze während der Stimmgebung wie der Klöppel einer Glocke an dem Saum der vorgestülpten Lippen sichtbar hin- und herpendelt. Es entsteht ein verschwommenes, aber frei tönendes — Glöckchenübung

blom.

Die Zungenspitze kann auch den äußeren Rand der sie umschließenden Lippen umkreisen bei gleichzeitiger Bildung der Silben

blom, blum, blam, ...,

wobei selbstverständlich die Vokale nicht deutlich ausgeformt werden können. Durch die weit vorgestreckte, kreisende Zunge wird ein volltönendes, frei empfundenes [m] gebildet.

[1] Der Punkt unter dem Vokal bedeutet Kürze, der Strich über dem Vokal Länge des Lautes.

Kopfdrehen Um während der Phonation alle Fehlspannungen im Bereich der Halsmuskulatur zu verhindern, verbinde man die Glöckchenübung oder die Lippenblähübung mit lockerem Kopfdrehen (vergleiche Entspannungsübungen). Es soll dabei auf einer ganzen Umdrehung eingeatmet und auf der entgegengerichteten Umdrehung phoniert werden. Voraussetzung für den Erfolg dieser Übung ist allerdings die Beherrschung der entsprechenden Entspannungsübungen.

Körperwurfübung Diese Übung wurde Körperwurfübung genannt, weil hier die Laute nicht nur durch bestimmte Artikulationsorgane vorgeschleudert werden, sondern weil der ganze Körper durch Wurf- oder Schleuderbewegungen an der Beeinflussung des stimmlichen Geschehens teilnimmt. So, wie Ausatmungsstrom und Armbewegung in der Atmungsübung[1] synchron laufen sollen, so soll auch diese Übung Bewegungsimpuls und Sprechimpuls in wechselseitige Beziehungen bringen.

Die Übung beginnt in einer Stellung, bei der der Oberkörper vorgebeugt ist und Kopf und Arme passiv herabhängen. Mit der Einatmung, die in der Körpermitte im tiefen Rücken ansetzt und von da die Gürtelgegend, die Flanken und den Brustkorb weitet, richtet sich die Wirbelsäule bis zur Streckung auf. Im Moment der höchsten Streckung − und zwar von der Sohle bis zum Scheitel − beginnt man mit der Lippenblähung auf

bla-bla-bla-blō[2]

Der Akzent fällt auf den letzten, länger zu haltenden Vokal. Diese Akzentsetzung soll durch das Fallenlassen des ganzen Oberkörpers einschließlich des Kopfes in die Ausgangsposition unterstützt werden.

Danach erfolgt keine erneute Einatmung, sondern der Oberkörper wird, indem zugleich die kurzen Vorsilben erneut gebildet werden, wiederum aus der Körpermitte aufgerichtet. Der zweite Endvokal wird wieder akzentuiert durch den Körperwurf. Der Ablauf der Übung ist also wie folgt:

Einatmung und gleichzeitiges Aufrichten −

bla-bla-bla-blō ↘ (auf der letzten Silbe sich fallen lassen) −
bla-bla-bla (dabei aufrichten) -blū ↘ (sich fallen lassen) −

---

[1] Vgl. S. 20f.
[2] Alle Übungen werden entsprechend dem 6. Grundgesetz des Sprechens in der natürlichen Sprechtonlage des Übenden durchgeführt!

bla-bla-bla (aufrichten) -blā↘
bla-bla-bla-blē↘
bla-bla-bla-blī↘

Jetzt erst soll erneut eingeatmet werden, dabei wird der Übungsbeginn wiederholt. Dann wird die Übung auf einem Atem in der beschriebenen Weise weitergeführt:

bla-bla-bla-blō↘
bla-bla-bla-blū↘
-blā / -bleu / -blei / -blau

Die Übung kann beliebig erweitert und modifiziert werden. Zum Beispiel kann der Übende während des Auftaktes einige Schritte gehen und mit dem Aufrichten des Oberkörpers die Arme bis Augenhöhe heben. Dann würde die Akzentuierung durch gleichzeitiges Fallenlassen des Oberkörpers und der Arme sowie durch Verlagerung des Körpergewichtes auf jeweils ein anderes Bein noch verstärkt. – Die Befreiung der Stimme kann durch Kopfschütteln während der Bildung der langen Vokale erleichtert werden.

Diese Übung ist darum in der Praxis von bestem Erfolg, weil sie mit der stimmlichen die körperliche Leistung verbindet. Deshalb ist streng darauf zu achten, daß Körper- und Stimmbewegung einander entsprechen und nicht ungeschickt und unrhythmisch verlaufen.

V. Resonanzübungen

Sinn der Übungen
Bei den Lockerungsübungen wurden Körperimpulse stimmauslösend genutzt. Die Stimme wurde von den Schleuder- und Wurfbewegungen entweder einzelner Organe oder des ganzen Körpers gleichsam überlistet.
Die Resonanzübungen verzichten auf solche auslösende Körpermotorik und lassen die Sprech- und Stimmorgane bei ruhig fließender Ausatmung selbständig einen vollen, hygienisch einwandfreien, tragfähigen Ton bilden.
Diese Stimmbildung verlangt in erhöhtem Maße Weitung des Ansatzrohres durch die schon beschriebene Gähnvorstellung und Lockerheit der Artikulationsorgane durch die Kaumechanik[1]. Die Kauübung nutzt die Erkenntnis, daß Sprechen (als Artikulationsbewegungen) und Essen (als Kaubewegungen) die gleichen anatomischen Grundlagen besitzen, sowohl im Zentralnervensystem als auch in den Organen und Muskeln des Ansatzrohres. Die praktische Erfahrung lehrt, daß behagliches und genußvolles Kauen nicht nur die Kau-Sprech-Werkzeuge zu normalgespannter, vitaler Tätigkeit anregt, sondern darüber hinaus das gesamtpsychische Verhalten des Essenden bei entsprechender Einstellung günstig beeinflußt. Von wesentlicher Bedeutung für die Therapie ist nach KRECH der Ersatz des Unlustreflexes Sprechen durch den Lustreflex der Nahrungsaufnahme im Sinne PAWLOWS. Gewisse Stimmerkrankungen, vorwiegend funktioneller Art, konnten in dieser Weise beseitigt werden.
Das Ergebnis solcher Kau-Stimm-Behandlung faßt ORTHMANN[2] wie folgt zusammen:

---

[1] Die Kauübungen entsprechen der Beschreibung der Kaumethode durch W. ORTHMANN, Sprechkundliche Behandlung funktioneller Stimmstörungen, Halle (Saale) 1956. — Die Kaumethode wurde von E. FRÖSCHELS entwickelt und von W. ORTHMANN im Institut für Sprechkunde an der Universität Halle (Saale) ausgebaut. Schließlich wurde die Kautherapie in modifizierter Form in die »Kombiniert-psychologische Behandlung« von Prof. Dr. H. KRECH aufgenommen (vgl. KRECH, »Die kombiniert-psychologische Übungstherapie«, in Wiss. Z. Univ. Halle Ges.-Sprachwiss. VIII/3, 1959, S. 428ff.).
[2] A. a. O., S. 164.

Die Sprechstimmlage wird ... gesenkt, die Artikulationsbasis wird durch Ausformung der Sprachlaute im Lippenbereich, Öffnungsweite der Kiefer und Zungen-Kontakthaltung mit den unteren Schneidezähnen in Richtung auf die Hochlautungsnormen verbessert. Eine allgemeine psychische Ruhigstellung mit Verminderung der peripheren Verspannungen ist oft festzustellen. Die Gesamtheit des stimm-sprachlichen Ausdrucks gewinnt in Richtung auf optimale Dichte des Stimmklanges, Legatocharakter und lustbetonten Ablauf der sprachlichen Mitteilung. Mit der gebesserten Stimmfunktion wandelt sich der ganze Mensch.

In der sprecherzieherischen Praxis erweist sich für die Beeinflussung der gesunden, aber noch unausgebildeten Stimme, für die Förderung einer tragfähigen und dabei ohne Krampf und Unechtheit hervorgebrachten Resonanz die Phonationsübung mit gleichzeitigen Kaubewegungen als ausgezeichnet. *Phonationsübung mit Kaubewegungen*
Dabei entstehen sinnlose Silben, meist aus Nasalen zusammengesetzt, zwischen denen ab und zu ein Vokal aufklingt. Schon nach kurzer Zeit hat sich der Gesunde an die neu erlebte Stimmlage wie an die störungsfreie und unverkrampfte Stimmbildung gewöhnt, und er beginne jetzt, ähnliche aus den Kaubewegungen zufällig entstehende Silben mit allen, von den Lippen gut ausgeformten Vokalen zu sprechen (nicht auf einem Ton zu singen!). Auch hierbei kann die schon beschriebene Gähnvorstellung angewandt werden.
Nach jeder Silbenreihe wird, bei gleichbleibendem Ton- und Muskelempfinden, ein Satz gesprochen (anfangs mit Häufungen von Nasalen oder mit L-Häufungen). Später werden die Sätze erweitert bis zu kleinen Prosatexten oder Gedichten.
Alles wird mit jener bequemen, mit Leichtigkeit produzierten Stimme einem Hörer oder vorgestellten Partner mitgeteilt (bei den Wort- und Satzübungen wurden Wortreihen in Verbindung mit der Kauübung zusammengestellt; siehe S. 37).

Bei Stimmerkrankungen, wie funktioneller Heiserkeit, Phonasthenien (sogenannte Stimmschwäche) oder auch nur vorübergehender stimmlicher Ermüdung infolge zu starker stimmlicher Beanspruchung, suche man zuerst den Arzt auf, um dessen Diagnose zu hören. *Kautherapie*
Zur Veränderung der unhygienischen Stimmbildung wird dringend die Durchführung der Kautherapie empfohlen. In diesem Falle muß der Übende lange Zeit Kaugut zu Hilfe nehmen, damit auch im Bereiche des Zentralnervensystems die entsprechenden

Verbindungen und Koordinationen zwischen lustbetontem Eßvorgang und gleicherweise lustbetontem Sprechvorgang ausgebildet werden können.

Jede durch die betreffenden Übungen erzielte Resonanz muß immer an sinnvollen Wort- und Satzbeispielen ihre praktische Anwendung finden. Es nützt also wenig, eine halbe oder gar ganze Stunde *nur* Silbenübungen ohne Textanwendung vorzunehmen. Vielmehr muß jede Übung in den lebendigen Sprechablauf eingebaut und darf nicht nur mechanisch heruntergeleiert werden.

<small>Summ- übungen</small> Die hier angegebenen Summübungen haben daher nur den Sinn, zwischen den Wort- und Satzbeispielen *kontrollierende* Funktion auszuüben. Der Übende prüfe hin und wieder zwischen den sinngebundenen Sprechübungen seine stimmliche Leistung, indem er Übungen mit vorwiegend stimmhaften Konsonanten auf einem Atem oder nur mit einmaliger Einatmungsunterbrechung durchführt:

mōnōmō, mūnūmū, ... und so fort
sonowō, sūnūwū, ... und so fort
und ähnliche Übungen

Auch hier spielt in erhöhtem Maße eine ökonomische Atemführung eine Rolle. Außerdem kann durch Armbewegungen, die den Verbindungsbogen vom Sprecher zum Hörer oder zu einem fixierten Punkt andeuten sollen, die Übung unterstützt werden.

<small>Erprobung am Text</small> Das Erreichte — im Zusammenhang von Lockerungs- und Resonanzübungen — läßt sich besonders gut auf die im Anhang dieses Buches aufgenommenen Japanischen Gedichte übertragen. Der Übende konzentriere sich vorwiegend auf die zu schildernden Bildinhalte, die er einem Partner mitteilen soll. Inhalt und Form sind bei diesen Gedichten so innig miteinander verbunden, daß der Sprechende, indem er sich auf den Sinnbezug konzentriert, auch seine stimmlich-artikulatorischen Mittel formbildend erlebt.

VI. Lautgriffübungen

Wenn alle bisherigen Übungen auf Lösung und stimmliche Lok- **Sinn**
kerheit, auf reinen, ungepreßten, aber auch unverhauchten Klang **der Übungen**
abzielten, so wollen die folgenden Übungen das gesamte artikulatorisch-stimmliche Zusammenspiel beeinflussen. Durch ausschöpfende Bewegungen von Lippen und Zunge, durch die gleichzeitige Aktivität von Zwerchfell, Bauchdecke, Kehlkopfmuskulatur und artikulierenden Organen, wie sie der Atemwurf verlangt, sollen die Sprechwerkzeuge gekräftigt und größere Leistungen vollbracht werden.
Auch hier gilt die Zielsetzung: größte Leistungen mit dem geringsten Kraftaufwand – also ohne Mehr- und Überspannungen – zu vollbringen! Die Kehlkopfmuskulatur trotz höherer Anforderungen so zu entlasten, daß sie nicht Schaden leidet, ist Aufgabe der Lautgriffübungen.

Die Gähnmechanik wurde im Zusammenhang mit der Pleuel- **Atemwurf**[1]
übung bereits beschrieben. Sie ist (nach FERNAU-HORN) die Grundlage der Atemwurfübung.
Über den Atemwurf, eine federnde Kontraktion der Bauchdecke, sagt FERNAU-HORN: Nach weichem Anhub der vorderen Bauchwand bei Einatmung wird die Bauchdecke blitzschnell federnd eingezogen, als wenn man in einen Gummiball eine Delle drückt. Bei diesem Atemstoß wird ein leises »Hop« gesprochen, um zu vermeiden, daß etwa während des Atemwurfes, der ja eine Ausatmungsbewegung ist, Luft eingeschlürft wird. Bei der Atemwurfübung muß besonders darauf geachtet werden, daß sie ohne Mitbewegung von Brust und Schultergürtel gelingt. Keineswegs darf der Atemwurf mit Hochatmung geschehen.
Den Atemwurf führt jeder Gesunde unbewußt bei »zwerchfellerschütterndem« Lachen, beim Kommandieren und bei plötzlichem lautem Rufen und im Affekt aus.

[1] Nach der Beschreibung durch H. FERNAU-HORN, »Zur Übungsbehandlung funktioneller Stimmstörungen«, in dem von ihr gehaltenen Vortrag auf dem Internationalen Kongreß für Logopädie und Phoniatrie, Zürich, 3. 9. 1953.

Der Atemwurf wird folgendermaßen durchgeführt: Bei gleichzeitiger Gähnvorstellung wird mit dem Atemwurf eine Silbe hervorgebracht. Sie beginnt zunächst mit einem stimmhaften Konsonanten der vorderen Artikulationsgebiete und endet auf dem Verschluß des [p]. Also:

wop, wup, wap, wep, ...

oder

bop, bup, bap, bep, ...

oder

dop, dup, dap, dep, ... und so weiter

Der Grad der Federungskraft der Bauchdecke entspricht dem Grad der Stimmkraft.
Der anlautende Konsonant stellt einen vorbereitenden Lautgriff dar, der durch den federnd hervorgestoßenen, zunächst kurzen Vokal geöffnet wird, um mit dem nachfolgenden [p] wieder zu einem festen Verschluß zu werden. Der P-Verschluß ist einen Augenblick beizubehalten, wobei die Bauchdecke noch immer tief eingezogen bleibt – man spürt dabei die Stauung der Luft unmittelbar hinter den Lippen im Bereich des Mundvorhofes (Raum zwischen Lippen und Zähnen). Dann wird der Verschluß plötzlich gelöst und die gesamte Luft ausgeblasen. Dabei kehrt die Bauchwand in ihre ursprüngliche Ruhelage zurück (tritt also wieder passiv hervor). – Vor jedem neuen Silbenstoß atme man kurz ein, wodurch die Bauchwand wieder die vorgewölbte Anhubstellung einnimmt.
Der Atemwurf stellt eine Federungsübung dar. Der von unten kommende Stoß, der den Kehlkopf nach oben schleudern will, wird durch die gleichzeitige Gähneinstellung und gewisse durch mechanischen Reiz kontrahierte Muskeln federnd abgefangen. Der Kehlkopf bleibt so während der Phonation in Tieflage und bewegt sich nur mäßig. Auf diese Weise ist die Kehlweite gewährleistet, der Ton wird kraftvoll und klar und ohne fühlbare Anstrengung produziert. Durch den Lautgriff der Artikulationsorgane wird die Stimme im vorderen Artikulationsgebiet »aufgefangen«.

Später kann man den Atemwurf mit sämtlichen Konsonanten durchführen:

sop / blop / wlop / gop / kop / top und ähnlichen Verbindungen, dann mit langen Vokalen; dann auch vokalanlautend:

op, up, ap, ep, ...

Der so durchgeführte Vokaleinsatz ist fast immer sauber und unschädlich.

Schließlich sollen die Übungen auf die Wortverbindungen (S. 36f.) übertragen werden und in den Ausbruchsübungen (S. 89f.) ihre praktische Anwendung finden.

Für längere Sätze, die einen großen Atembogen und dabei erheblichen Stimmaufwand brauchen, ist der Atemwurf nicht in der oben angeführten Weise zu verwenden. Vielmehr wird die Bauchdecke *allmählich* eingezogen. Der Atemwurf verliert also seinen explosiven Charakter. Steigerungsübungen

Dennoch soll das Federungsprinzip beibehalten werden. Zu diesem Zweck sind die oben angegebenen Silben auf einem Atem, aneinandergebunden, hervorzubringen, und zwar unter allmählicher Steigerung der Lautheit und ohne die Ruftonlage zu überschreiten:

wop wup wap wep wip wöp wüp wäp weup weip waup

oder

wlop wlup wlap ... / schwop schwup schwap ... /

sop sup sap ... / popwop-pupwup-papwap ...

und ähnliche

Dabei wird die allmähliche Bauchdeckenkontraktion während der Dauer der Phonation nicht gelöst, und die Artikulationsorgane führen die Lautgriffe besonders deutlich und gewissenhaft aus, indem jeweils der Explosionsstrom des auslautenden [p] ohne Unterbrechung in den nachfolgenden Konsonanten hinüberleitet.

Auch hier ist die Gähnmechanik von Wichtigkeit. – Die Übungen sind ohne Partnerbezug wertlos.

Die Ansatzübungen werden an dem zusammengestellten Wortmaterial vorgenommen. Ansatzübungen

Ihr Sinn ist, nach dem Prinzip der Koartikulation, durch ausschöpfende Bewegungen der Sprechwerkzeuge (durch sogenannte Lautgriffe) Deutlichkeit und Hygiene des Sprechvorganges zu gewährleisten.

Im KRUMBACH-BALZER[1] heißt es dazu:

Alle Vokale und Konsonanten sind so zu sprechen, daß sie als leichte, aber bestimmt ausgeführte Griffe im Munde von vorn her genommen zu sein scheinen, vorn schwingen und zugleich für den Schallraum bis in die Kehle hinein weitend und öffnend wirken. Je besser dieser Anhub (Mund und Lippen »pokalartig« geöffnet, wie zur Nahrungsaufnahme; »einnehmende«, greifende Tendenz), desto sicherer kann der Lautgriff sein, der dann um so deutlicher als Lautgebärde plastisch wirkt.
Der Übende stelle sich bei seinen täglichen Übungen dieses Bild des Lautgriffes durch die Sprechwerkzeuge sehr deutlich vor; weil sich mit dieser Vorstellung das Gefühl für die Ausformung der Laute aufs engste verbindet.

Die Ansatzübung setzt die Vorsilbe aus dem ersten Konsonanten und dem Hauptvokal des zu bildenden Wortes zusammen. Dabei hat der Mund die betreffende Vokaleinstellung und blendet in diesen Vokal jeweils den Konsonanten ein (so daß sich die Kieferöffnungsweite nur kaum merklich ändert):

dodododo → Dose
dadadada → Dame und ähnliche

oder

bobobobo → Bombe, Bonn, Bob, Bottich

und ähnliche (immer mehrere Wörter der gleichen Vokalreihe auf einem Atembogen).

Wenn es sich bei den Konsonanten um Explosivlaute handelt, so nutze man bewußt die Stauung der Luft an der Verschlußstelle und versuche, mit der Sprengung den Vokal vorzuschleudern.
Wenn die Übung anfangs nicht zu dem erwünschten Erfolg führt, so leite man sie durch die schon beschriebene Lippenflatterübung ein und führe allmählich von dieser passiven Form über die Lippenblähübung zur aktiven Formung.

Künstliche Verlängerung des Ansatzrohres Die Vorverlagerung der Vokale in den Mundvorhof kann durch künstliche Verlängerung des Ansatzrohres unterstützt werden. Man kann zum Beispiel die Oberlippe mit Daumen und Zeigefinger von den Schneidezähnen während der Bildung der Vokale nach vorn ziehen; man kann mit beiden Innenhandflächen einen

---

[1] Sprechübungen, 7. Aufl., besorgt durch M. SEYDEL; Leipzig, Berlin 1928.

Schalltrichter bilden oder mit den gekrümmten Fingern der einen Hand die O-Stellung der Lippen nachahmen und künstlich fortsetzen. Dabei spreche der Übende bewußt in den Handtrichter hinein. Auch eine Papierrolle leistet ähnliche Dienste.
Die Beherrschung der Lautgriffe bei Lautüberfüllung läßt sich an den im Anhang angeführten Textbeispielen von ARNO HOLZ sehr gründlich erproben. Außerdem wird hierbei die Geläufigkeit und die Fähigkeit, sinnbezogen zu interpretieren, in besonderem Maße geübt.

Die bisher empfohlenen Übungen und auch die folgenden Wort- und Satzübungen dienen sowohl der Stimmschulung als auch der Verbesserung der Deutlichkeit und Geläufigkeit. *Flüsterübung*
Die Deutlichkeit kann man fördern, wenn man Wörter oder Textpassagen flüstert. Man vermeide dabei jede, auch noch so geringe Stimmgebung, da das »Tonflüstern« stimmschädigend ist. Beim echten Flüstern werden vor allem die Konsonanten hervorgehoben, während die Vokale »umgriffen« werden. Man spreche ohne Anstrengung, aber deutlich auf einen Hörer gerichtet. Dabei wechsle man die Distanz zum Hörer. Schließlich übertrage man die Sprechbewegungen des Flüsterns auf normales Sprechen.

VII. Wort- und Satzübungen

Die Wort- und Satzübungen können sowohl als Geläufigkeitsschulung — bei Änderung der Atemkapazität — genutzt als auch mit variierender Lautstärke gesprochen werden. Immer aber ist der Sinn jedes Wortes sprechend zu erfassen.
Selbstverständlich muß die angegebene Reihenfolge nicht eingehalten, sondern die Übungen können individuell zusammengestellt werden.
Bei den einzelnen Lautverbindungen wurden Besonderheiten der Bildung vermerkt. Bei besonders schwierigen Lauten sind Hinweise auf deren Erarbeitung gegeben worden.

1. Atemwurf in Verbindung mit Wörtern[1]

w- Volt, Wulst, Watt, West, Wind, Weib / wollen, Wunde, Wappen, Wellen, Villen, Wölfe, Wünsche, Weide / Wonne, wunschlos, Waffe, Westen, Wissen, wölben, Weite / Wolle, Wanne, wenden, Wimpel, Wände, weisen

Wohl, Wut, Wahn, Weh, Wien, wüst / wohnen, Wade, weben, Wiese, wühlen, wählen / Wotan, Wabe, Wesen, Wüste, wähnen / wo, Wahl, wem, wie, wütend

p- Post, paßt, Pest, Pilz, Pein, Paul / Posse, Puppe, Pappe, Pelle, Pille, Peitsche, Pause / Posten, Pußta, Panne, Pinsel, peilen, Pauline

Pose, Pute, Pate, Plenum, piepsen

b- Bob, Bus, Ball, Belt, Biß, Baum / Bonn, Bund, Band, bellt, Bild, Beil, Bau / Busch, Bann, Bett, bin, Bau / Bombe, Bulle, Bambus, bellen, bilden, Bündel, Bäume, Beine, Bauten / Bottich, Buddha, Ballast, Betten, bitten, Büttel, Beule, beide, baumeln

[1] Vgl. S. 31f.

Boot, Bad, Beet, Biest / Bohne, Bude, Base, Besen, Biene, böse,
Bühne / Bohle, Bube, baden, beten, Bibel, Bübchen / Bode, Buhle,
Babel, beben, Bison, Büste, Bäschen

toll, Tusch, Taft, Tell, Till, Tüll, Teil, Tausch / Tom, Tuff, Tand, t-
Test, Tip, Teich, Tau / Tonne, Tulpe, Tanne, Tenne, tippen, Töl-
pel, Tüpfel, Teufel, teilen, Taufe / tollen, Tusche, Tante, Tempo,
Tische, Töpfe, Tümpel, täuschen, Taumel / topfen, tupfen, Tasse,
Tennis, Tinte, Tönnchen, Tünche, Täubchen, Teilchen

Ton, Tun, Tal, Tee, Tief, Teil, Tau / tosen, Tube, Tafel, Thema,
Tibet, tönen, Type, täfeln / toben, Thule, Taten, These, Titel,
töten, Tüte, tätlich

Dolch, dumm, Damm, denn, Dill, dünn, Deut, Deich / doppelt, d-
duften, Dattel, Delle, dichten, Düfte, deuten, deine, Daunen /
dort, Dunst, dann, dessen, dicht, Dünste, Dächer, Daumen

Dom, du, da, den, Dieb / Dose, Dusche, Dame, Demut, Diesel,
dösen, Düne, Däne / Dohle, Duden, Datum, dehnen, Diele, Düse /
Doge, Duo, damals, dem, die, Dünung, dämlich

2. Kauübung in Verbindung mit Wörtern

Nuß, naß, Nest, nimm, neun, nein / Nonne, nennen, Nimbus, neu- n-
lich, Neiße, nautisch

Not, nun, Naht, nie / Nomen, Nute, Namen, nehmen, niemals,
Nöte, Nähte

Moll, Mund, Mast, Mensch, Milch, Mönch, Müll, mein, Maus / m-
Most, muß, matt, mild, Mais, Maul / Motte, munden, Mappe,
melden, Mitte, Mündel, Mäulchen, Meile, mausen

Moos, Mut, Maß, Met, mies / Monde, Muße, malen, Memel, Miene,
Möbel, Mühle, Mähne, Meute, Meise, maulen / Mode, Muhme,
mahnen, Meter, Miete, Möhre, müde, mäßig, Mäuse, meiden,
mauern / Moor, mutig, mager, Meer, mir, möglich, Mythe, Märe

37

3. Konsonanten

W

Stimmhafter Engelaut: Unterlippe gegen Oberzahnreihe (nicht die Unterlippe an die Oberlippe führen!); geringe Kieferöffnung; Zunge liegt flach, Zungenspitzenkontakt mit den unteren Schneidezähnen; Nasenraum nicht völlig abgeschlossen; Stimme sowie das Reibegeräusch an den Lippen müssen zu hören sein (nicht vokalisch auflösen).[1]

Anlautend, kurzer Vokal	Wonne, wollen, Volt, Wolle / Wunde, Wunsch, Vulpius, wund / Wald, Wanne, wallen, Wand, Watt, Wappen, Watte, was, Walze, Wams / Welle, wenn, Wette, wessen, Wespe, Wende / Wind, winden, wissen, Wille, Winde, Wilde, Wimpel, wimmeln, winseln / wölben, Wölfe / wünschen
langer Vokal	wohnen, Wohl, Wotan, Votum / Wust, Wut / Wabe, Wahn, Wahl, waten, Wade, Vase / wehen, Vene, wem, wen, weben, Wesen, Wedel / Wiese, Wien, wie, Wiesel, Visum / Wüste, wüten / wähnen / Wein, Weise, Weite, Weib, weinen, weil
Nach Vorsilbe	beweisen, bewenden (anwenden, umwandeln, entwenden, abwischen, entwöhnen)[2]
Inlautend	Lavabel, Lavendel, Lava, Diva, Möwe, Diwan, Löwe (ewig, Uwe, Ave)
Häufung	windelweich, wiewohl, Westwind, Weißwäsche, weltweit, Wohlwollen, Weltweisheit, Wüstenwind (Wettbewerb)

Mit allen Wassern gewaschen / Wo ein Wille ist, ist auch ein Weg / Wer einmal lügt, dem glaubt man nicht, und wenn er auch die Wahrheit spricht! / Wer wagt, gewinnt! / Worte sind des Dichters Waffen (GOETHE) / Die Wäsche wogte wie ein weißes Zelt (KÄSTNER) / Man weiß nicht, was noch werden mag (UHLAND) / Wünsche wie die Wolken sind (EICHENDORFF) / Was doch der Mensch nicht wagt für den Gewinn (SCHILLER) / Erst wäg's, dann wag's /

---

[1] Die Beschreibung der Artikulation des jeweiligen Lautes geschieht in Anlehnung an die von H.-H. WÄNGLER im Atlas deutscher Sprachlaute veröffentlichten Ergebnisse (Akademie-Verlag, 1958) unter Berücksichtigung sprechwissenschaftlich-pädagogischer Gesichtspunkte.
[2] Wörter mit schwierigen Lautverbindungen werden in Klammern gesetzt.

Durst macht aus Wasser Wein / Wir Wiener Waschweiber würden
weiße Wäsche waschen, wenn wir wüßten, wo weiches warmes
Wasser wär'

F

Stimmloser Engelaut: Bildung wie W (ohne Stimme) mit Gaumensegelverschluß.

von, vom, voll, Voß, Fossil, foppen / Fundus, Fund, Fundament, Fulda / Falle, Falte, Fant, Fallada, Faß, fassen, falten, Fall, Fassade / Fett, fest, Fell, Feld, Feste, Felsen / Film, Fisch, Finte, Fis / füllen, Füssen	Anlautend, kurzer Vokal
Fohlen, Foto, Folie / Fuß, Fusel / Fabel, Fahne, Faden, Fama, Fatum / Fehde, Fetisch, Fee / Vieh, Fibel / Föhn / Füße / Fäden / feudal / fein, Feile, Veit, feist, feil, Feind, Veilchen, feilschen / faul, Faust, Fauna, Faun	langer Vokal
befinden, befehlen, befassen, Befund, befehden (umfassen)	Nach Vorsilbe
Schweif, tief, schief, Lauf, Muff, Schliff, Schaf, Schiff, Schlaf, lief, schlief, Chef, Tuff	Auslautend
Zofe, Stoffe / Stufe / schlafen, Tafel, Schafe / Neffe / Tiefe, Schiffe, Stiefel / Teufel / Seife / taufen, saufen, laufen, Schaufel	Inlautend
Flamme, fließen, Fluß, Flasche, Fleisch, Flinte, Fleiß, flößen, Flause, flennen, Floh	fl-
Senf, Hanf, Hänfling, sanft, Zunft, fünfzig, fünf (Anfang)	-nf-
Duft, Taft, Saft, Lift, Stift, Heft, Luft, Schuft	-ft
Forst und Feld / Feist und fett / Von Fall zu Fall / Fips, der Affe / Feuer fängt mit Funken an / Man muß die Feste feiern, wie sie fallen / Unverhofft kommt oft / So viele Berichte, so viele Fragen (BRECHT) / Wer einmal aus dem Blechnapf frißt (FALLADA) / Wer ins Feuer bläst, dem fliegen die Funken in die Augen / Es ist nichts zu fürchten als die Furcht (BÖRNE) / Das Fähnlein der sieben Aufrechten (KELLER) / Man findet häufig mehr, als man zu finden	Häufung[1]

1 pf siehe S. 43f.

glaubt (CORNEILLE) / Den Fuchs fängt man mit Füchsen / In der
Not frißt der Teufel Fliegen / Was soll der fürchten, der den Tod
nicht fürchtet? (SCHILLER)

Ein einz'ger Funke, wenn er angefacht,
Hat einer Welt oft Untergang gebracht.
(Aus dem Persischen)

Fürchte dich nicht vor dem, was zu fürchten ist,
Fürchte dich nur vor der Furcht.
(HÖLDERLIN)

W-F

Wonne — von, Wein — fein, weil — feil, Wunde — Funde, Felle —
Welle, wallen — fallen, Fenn — wenn, was — Faß, Fuß — Wut, weiß
— feist, Wand — Fant, falzen — walzen, falten — walten, Wette —
Fette, Villa — Film, Fatum — Watt, Wolle — Fohlen, Diwan —
Tiefe, Wust — Fuß, Fall — Wall, Wahl — fahl, Wabe — Fabel, Fee
— Weh, wie — Vieh, Feld — Welt, finden — winden

Fichtenwald, Walfisch, Viehweide, Wellfleisch, Weinfaß, Föhnwind, Vesuv, Fabelwesen, Wüstenschiff, Wohlbefinden (Webfehler, Winterschlaf)[1]

Die Wolke sah ich wandeln und den Fluß (MÖRIKE) / Was man
nicht aufgibt, hat man nie verloren (SCHILLER) / Hohe Bäume fangen viel Wind / Es fliehen nicht alle, die den Rücken wenden (CHR.
LEHMANN) / Der Empfindsame ist der Waffenlose unter lauter Bewaffneten (AUERBACH) / Mit Fragen kommt man durch die Welt

Ich bin durch tiefe Wälder gegangen,
Wo der Wind ganz tief mit den Wipfeln spricht.
(RINGELNATZ)

Wind und Wäsche führten Zank.
(KÄSTNER)

Es pfeift der Wind, die Möwen schrein,
Die Wellen, die wandern und schäumen.
(HEINE)

[1] Siehe auch S. 59 (kw-) u. 69.

So sei verflucht der Krieg! Verflucht das Werk der Waffen!
Es hat der Weise nichts mit ihrem Wahn zu schaffen.
(LI TAI-PE)

Walle! Walle
Manche Strecke,
Daß, zum Zwecke,
Wasser fließe
Und mit reichem, vollem Schwalle
Zu dem Bade sich ergieße.
(GOETHE)

Und es wallet und siedet und brauset und zischt,
Wie wenn Wasser mit Feuer sich mengt,
Bis zum Himmel spritzet der dampfende Gischt,
Und Flut auf Flut sich ohn' Ende drängt
Und will sich nimmer erschöpfen und leeren,
Als wollte das Meer noch ein Meer gebären.
(SCHILLER)

Wohltätig ist des Feuers Macht,
Wenn sie der Mensch bezähmt, bewacht,
Und was er bildet, was er schafft,
Das dankt er dieser Himmelskraft;
Doch furchtbar wird die Himmelskraft,
Wenn sie der Fessel sich entrafft,
Einher tritt auf der eignen Spur,
Die freie Tochter der Natur.
Wehe, wenn sie losgelassen,
Wachsend ohne Widerstand,
Durch die volkbelebten Gassen
Wälzt den ungeheuren Brand!
(SCHILLER)

B

Stimmhafter Verschlußlaut: Lippenverschluß (ohne daß die Lippen zusammengepreßt werden!); Gaumensegelverschluß; Zungenkontakt mit den unteren Schneidezähnen; leichte Kieferöffnung, die Stimmhaftigkeit muß deutlich zu hören sein.

Bombe, Bonn, Bottich / Bus, Bund, Bulle, Busch, Buddha / Baß, Anlautend,
Bast, Bann, Ball, Banane, Ballast, Banause, bald, Bambus, Band / kurzer Vokal

Betten, bellen, Belt, Bände, betteln / binden, Biß, bilden, Bild, bitten, bin / Bündnis, Bündel, Büttel, Bütte / Bäume, Beule, Beute, Beutel / Bein, beide, beißen, Beil, bei / Baum, Bauten, bauen, baumeln, Bau

besinnen, besaufen, bedienen, benennen

langer Vokal Bode, Bote, Bohlen, Bowle, Bohne, Boot, Boden / Buhne, Buße, Buhle, Bube, Bude / Bahn, Base, baden, Baal, Bad, Basel, Babel / Besen, beten, Beet, beben / Biene, Bison, Biese, Bibel, Biest, bieten / Bö, böse / Bübchen, Bühne, Büste / Bäschen

bl- blond, bloß, Blumen, Blatt, blaß, Blase, blasen, blenden, Blitz, blind, blieb, blöde, Blüte, bleiben, Blei, bleich blau

Inlautend loben, toben, nobel / Buben, Stube, Tube, Tuba / Nabel, laben, Schabe, Wabe, Sabbat / Leben, weben, Theben, neben, beben, schweben / lieben, sieben, Diebe, Siebe / Möbel, Pöbel / Säbel / Scheibe / Laube, Taube

Ableitung Durch Verbindung mit einem homorganen Laut [m] gelingt die Stimmhaftigkeit des [b] leichter:

Lehmbude, Bombe, Plombe, Baumblatt, Bambus, Nimbus (Amboß, Imbiß, Rhombus), Lehmboden

Häufung Blütenblatt (Bohnerbesen), Blaubeeren, Butterblume
Blumen, Blätter und Blüten / In Bausch und Bogen / Die blaue Blume / Blau blüht ein Blümelein / Der Bauch ist ein böser Ratgeber / Besäße der Mensch Beharrlichkeit, so wäre ihm fast nichts unmöglich (Aus dem Chinesischen) / Alle Blüten müssen vergehen, daß Früchte beglücken (GOETHE) / Hunde, die viel bellen, beißen nicht! / Borgen ist viel besser nicht als betteln (LESSING) / Bildung bessert Geist und Herz / Besser ein Bein brechen als den Hals / Die Bescheidenheit, die zu Bewußtsein kommt, kommt ums Leben (EBNER-ESCHENBACH)

Borgt der Wirt nicht, borgt die Wirtin,
Und am Ende borgt die Magd.
(GOETHE)

Erst besinn's,
Dann beginn's.

P

Stimmloser Verschlußlaut: Bildung wie [b] (ohne Stimme); Lippenverschluß etwas intensiver. Zu beachten ist, daß die Behauchung bei Sprengung des Verschlusses nicht den nachfolgenden Laut überdeckt.

Bei näselnder Stimmgebung (rhinolalia aperta) ist für die Beeinflussung der Gaumensegelbewegungen die Verbindung der Vokale mit Explosivlauten besonders günstig. Man unterstütze die Wortübungen durch Silbenübungen, wie

po, pu, pa, ... / ko, ku, ka, ...,

wobei mit dem Konsonanten ein kräftiger Stoß auf den Vokal ausgeführt werden soll, verstärkt durch gleichzeitige stoßartige Armbewegungen von oben nach unten.

Post, Posse, Posten, Pomp / Putz, Pußta, Puppe, Pumpe / Paß, Pappe, Palette, Palme, Panne / Pelle, Pest, Pelz, Pendel / Pille, Pilz, Pinsel, Pinne / Püppchen / Pein, peilen, Peitsche / Paul, Pause — Anlautend, kurzer Vokal

Polen, Pose, Posa, Pope, Pol / Pute, Puma, Pudel, Puste / Pate, Papst, Pan / Pisa, Pinie / Pöbel — langer Vokal

Suppe, Lampe, Wappen, Mappe, Lappen, Sippe, Lippen, wippen, nippen, stippen, tippen — Inlautend

plump, Pomp, Leib, Weib, stop, Lob, Stab, Staub, Laub, gib, Dieb, schlapp — Auslautend

lobst, tobst / Labsal, labst / Webstuhl, lebst, nebst, webst / liebst, schiebst, siebst, Ibsen, beliebt / Stübchen, Bübchen / Täubchen / Leibchen, beweibt, beleibt, Weibchen, treibt, reibt, schreibst / belaubt, beraubt, glaubt, schnaubt

Plombe, plus, plumpsen, Pluto, plump, Platane, platt, Plan, Platz, Plenum, Plinse, Plüsch, Pleuel, Pleite, Pleiße, Plauen / Pneu / Wespe, lispeln, Mispel (haspeln, Kasper, Aspekt, wispern, Rispe) / Stempel, Pampelmuse (Ampel, strampeln, Hampelmann, Rampe), Pumpe, Tempel / Pfand, Pfanne, Pfund, Pfeil, Pfad, Pfosten, Pfote, Pfuhl, Pfaffe, Pfau, pfuschen, Pfiff, Pfeife / dampfen (impfen), Sümpfe, Schnepfe, Schnupfen, Wipfel, Tüpfel, stapfen, Töpfe / Dampf, Sumpf, Stumpf, Topf / Sumpfpflanze, Topfpflanze, Dampfpfeife / pfiffig (Pfeifenkopf) / Pflicht, Pflanze, Pflaume — In Lautverbindung pf-f[1] Feile – Pfeil, Pflaume – Flaum, Fährte – Pferde, Pfalz – Falz, fad – Pfad, Pfund – Fund, fahl – Pfahl, fand – Pfand, Pflicht – flicht, Flug – Pflug, Pfeiler – feil, Pfähle – fehlen, fänden – pfänden

Häufung Schleppdampfer, Putzlappen, Pipette, Puppe, Pappe, Suppentopf, Spielplan, Spielplatz / (plappern, Prinzip, papperlapapp)

Peter und Paul / Mit Pauken und Trompeten / Mit einem Pfennig Frohsinn vertreibt man ein Pfund Sorge / Prächtige Pflanzen prangen an den Pforten des Parkes / Der Potsdamer Postkutscher putzt den Potsdamer Postkutschkasten – den Potsdamer Postkutschkasten putzt der Potsdamer Postkutscher / Die Jahre fliehen pfeilgeschwind (SCHILLER) / Der Pfeil des Schimpfs kehrt auf den Mann zurück, der zu verwunden glaubt (GOETHE)

Der Bauer, der die Furche pflügt,
Hebt einen Goldtopf mit der Scholle.
(GOETHE)

B-P

Banane – Panne, Pußta – Bus, Baß – Paß, Pein – Bein, Puls – Bulle, Puma – Buna, Bauten – Pausen, Pelle – Bälle, Bohle – Pole, Wappen – Waben, loben – Pope, lieben – Lippen, Lappen – laben, (Paar – bar, backen – packen, Gebäck – Gepäck, paart – Bart, Pille – billig, Brise – Prise. Bogen – Pochen, haben – Happen, Rappen – Rabe, Gabe – Klappe, Hippe – Hiebe, Zuber – Suppe)

Postbote, Paddelboot, Bleiplatte, Palmbaum, Baßposaune, potzblitz, Palmenblatt, bunte Palette, Spielplan (Büttenpapier, Plättbrett, Silberpappel, Butterbrotpapier, Briefpapier, Prachtbau, Preiselbeere, Purzelbaum, Brieftaubenpost, Gruppenbild

Böse Beispiele verderben gute Sitten / Das Betragen ist ein Spiegel, in welchem jeder sein Bild zeigt (LICHTENBERG) / Mein Leipzig lob' ich mir, es ist ein klein Paris und bildet seine Leute (GOETHE) / Doppelt gibt, wer bald gibt (SYRUS) / Ein Mensch ohne Bildung ist ein Spiegel ohne Politur / Gebrauchter Pflug blinkt

1 p + ss siehe S. 53.

D

Stimmhafter Verschlußlaut: Leicht geöffnete Lippen entsprechend der Lautnachbarschaft und geringer Kieferwinkel; Zungensaum liegt an der Oberzahnreihe an (leicht den Zahndamm berührend) und schließt so den Mundraum ab (Zungenspitze darf sich nicht zum Gaumen hin einrollen!); Gaumensegelverschluß; die Stimmhaftigkeit ist zu beachten!

Dolde, Don, doppelt / Duft, dumm, Dunst / Dattel, Damm, dann, Dante / Delta, denn, Delle, dessen, Dämme / Dill / dünn, dünsten   Anlautend, kurzer Vokal

Dom, Donau, Dose, Dohle / du, Dur / Dame, Datum / Demut, dehnen, den / Diva, dienen, Dieb, diese, Diesel / dösen, Döbeln / Düne, Düse / Däne / deuten, Deut, deutlich, Däumchen / dein / Daumen, Daunen   langer Vokal

Mode, Soda, Boden, Loden / Bude, Duden, Sudan, Buddha, Budike, Buddel / baden, Wade, Made, Schaden / Leda, Fehde / sieden / müde, Süden / Mädel / Weide, meiden, Seide, leiden / Baude   Inlautend

Durch Verbindung mit einem dem [d] vorausgehenden homorganen Laut (l, n) gelingt die Stimmhaftigkeit des [d] leichter: Dattel, dann, Dante / Bande, Wände, senden / bilden, Wilde, Milde / binden, Wunde, munden   Ableitung

Donner und Doria / Dichter und Denker / Die Daumen drehen / Durch dick und dünn / Ich denke dies und denke das (MÖRIKE) / Sturm drängt draußen das Dunkel (HIKMET) / Den Dank, Dame, begehr' ich nicht (SCHILLER)   Häufung

T

Stimmloser Verschlußlaut: Bildung wie D (nur ohne Stimme). Zu beachten ist, daß die Behauchung bei Sprengung des Verschlusses nicht den nachfolgenden Laut überdeckt (Zungenspitze nicht gegen den Gaumen hin einrollen!).

Tonne, Topf, Tom, toll / Tunnel, Tulpe, Tusche, tupfen / Tanne, Tabelle, Taste, Taft, Tapete, Talon, tasten, Tanz, Tasse, Tasche / Tenne, Tempo, Tennis, Tell, Test, Tänze, tändeln / Tinte, Till, Tip, Tisch, Tim / Töpfe, Tölpel / Tüpfel, Tümpel, Tüll   Anlautend, kurzer Vokal

langer Vokal	Ton, tot, toben, tosen / Tube, Tuba, tun, tuten, Thule / Tat, Tafel, Tal, tabu / Tee, These, Thema / tief, Tibet, Tiefe / tönen, töten, Töne / Tüte, Typ, Typhus / Teufel, täuschen / taufen, Taube, tauschen, tausend, Taumel / Teil, Teich, teilen
Inlautend	Motte, Flotte, Bote / Putte, Pute, Lunte / Watte, Matte, Schatten, waten, Tante / Wette, Mette / Mitte, Miete, Sitte, Bitte, Fittich / löten, Nöte / schütten / läuten, Beutel, Meute / leiten / Laute
Auslautend	Mut, satt, Watt, matt, Stadt, platt, Bett, nett, Tat, Saat, Staat, tot, Leid, Neid, Not, Boot, Bad, Bild, Naht, Welt, Wald, Feld, bald, Sand, Wand, Lied
Häufung	Tanztee, totenstill, Testament, Tollwut, Tanzmatinee, Totentanz (Tempotaschentuch), Tageszeitung, Tischtennisturnier

Ich habe eine gute Tat getan (WERFEL) / Wer einmal lügt, dem glaubt man nicht, und wenn er auch die Wahrheit spricht / Die tote Tante (GÖTZ) / Tut, was eures Amtes ist (SCHILLER) / Träume sind nicht Taten (ARNDT) / Nur auf Stufen steigt man zur Höhe der Treppe (Türkisches Sprichwort) / Der Ausgang gibt den Taten ihre Titel (GOETHE) / Das Gedächtnis ist eine gute Tasche, aber sie zerreißt, wenn man zuviel hineinstopft / Jung gewohnt, alt getan / Guter Rat ist teuer

Das Tun interessiert,
Das Getane nicht.
(GOETHE)

D-T

Dante – Tante, dann – Tanne, Tenne – denn, tosen – Dose, Tuff – Duft, Dolde – tollte, Till – Dill, Thema – Demut, Diva – Tiefe, Dom – Tom, These – dessen (Ende – Ente), Finte – finden, Faden – Fatum

Tannenduft, Damentasche, Donautal, Tanzdiele (untereinander), Donaudelta, Tandem, diesseitig, Tadel, Tanzstunde, demütig, Tendenz (vgl. auch S. 69)

Tischlein, deck dich / Ich steh' schon lange mit dem Tod auf du und du (VILLON) / Denken und tun, tun und denken, das ist die Summe aller Weisheit (GOETHE) / Das tote Tal

L

Stimmhafter Engelaut: Kiefer leicht gesenkt; Lippenöffnung; Zungenspitze artikuliert gegen den Alveolarrand der oberen Schneidezähne (vor Vorderzungenvokalen bis hin zum Eckzahn); Zungenrücken ist aufgewölbt und läßt dabei an beiden Seiten den Phonationsstrom passieren; Gaumensegel ist gehoben; die Stimme klingt volltönend (ohne Reibegeräusche).

Lotte, Lotto / Lunte, Luft, Lust, Lumpen / Lamm, Lampe, Lasso, Last, Land, lassen, Latte, Lappen, Lanze / Lenz, Lette, Lende, lechzen, letztens, läppisch, lächeln / Linde, Lippe, Lift, Linse / Löffel, löschen / Lüfte, Lümmel, Lüste, lüften / Leute, Leumund, Leuchte, läuten / leise, Leim, Leib, leiten, Leid, Leiste, Leine, leiden, Laie / Laute, lau, laufen, Laus, Laub, lauschen, Laut Anlautend, kurzer Vokal

Lob, loben, Los, Lohn, Lot, Lotse, Lotos / Lupe, Lumen, Luna / Lama, Laden, laben, Lava, lahm, Lahn, Labsal / Leben, lesen, Lehm, Lehne, Leda / Liebe, Lied, Limes, Lido, Lilie / lösen, löten, Löhne, Löwe, Löß, löblich / lähmen, Läden langer Vokal

Scholle, sollen, wollen, Molle, Stollen, Bohle, Sohle, Mole / Schatulle, Bulle, Buhle, Schule, Thule / schallen, fallen, schnallen, wallen, Valuta, Wale, Schale, Saale, malen / Stelle, Welle, Felle, Seele, fehlen, stehlen / Stille, Wille, Pille, Zille, viele, Ziele, Stiele, Silo / Fülle, Tülle, füllen, Stühle, Mühle, wühlen / Säle, wählen, Pfähle / Säule, Fäule / Feile, Seile, Meile, peilen, teilen / faulen, maulen Inlautend

Moll, Soll, toll, voll, Pol, Wohl / Mull, Null, Pfuhl, Stuhl / Stall, Fall, Wall, Ball, Baal, Wal, Mahl, Saal, Tal, Zahl, Pfahl / Tell, Fell, Nebel, Mehl, fehl / still, viel, Ziel / Öl / Müll, Tüll / Pfeil, Teil, Seil, Beil, steil / Maul, faul, Paul Auslautend

Liebeslied, Lebenslust, Lappland, Loblied, lieblich, Lötlampe, Lettland, Lampenlicht, lieblos, Liebesleid, Liebeslust, loslassen, lautlos, stahlblau Häufung

Land und Leute / Lenz und Liebe / Laut und leise / Laue Luft kommt blau geflossen (MÖRIKE) / Die linden Lüfte sind erwacht (UHLAND) / Das Glück ist blind (CICERO) / Das Beispiel ist einer der erfolgreichsten Lehrer, obgleich es wortlos lehrt / Man lernt, solange man lebt

Leise zieht durch mein Gemüt
Liebliches Geläute.
(HEINE)

Lang ist der Weg durch Lehren,
Kurz und erfolgreich durch Beispiele.
(SENECA)

M

Nasallaut: Ungepreßter Lippenverschluß, geringer Kieferwinkel; Gaumensegel hängt herab; Zunge leicht gesenkt, hat Kontakt mit den unteren Schneidezähnen.

Anlautend, kurzer Vokal
Moll, Most, Motte, Mops / Mull, Mulatte, muß / Mast, Matte, Mann, Mappe, Malz, matt, Masse / Messe, Metz, Mette, melden / Mist, Mitte, Mistel, Minne, missen / Mönch, möchte, Möpschen / Mündel, München, Mündchen, mündig / Mäuschen, Meute, Mäulchen, Mäuse / Meise, Meißen, Meile / Maus, mausen, Maul

langer Vokal
Mohn, Mole, Mode, Mond, Monat, Moos / Muse, Muße, Mut / Maß, Mahl, Maat, malen, mahnen / Mehl, Met, Memel, Medium / Miene, Miete, minus / Mähne, Mädchen / Möbel, Möwe / Mühle, Mühe, müde

Inlautend
Nomen, Dome, Pomade / Blume, bummeln, summen, tummeln / sammeln, stammeln, Mammon, blamabel, Dame, Name, Samen, Lama / Memme, Dämme, schlemmen, Semmel, nehmen / wimmeln, niemand, Mime / Lümmel / Böhmen, böhmisch / schämen / schäumen, Säume, Bäume / leimen / Daumen, baumeln

m + Konsonant
Sims, Lampe, Wams, Lumpen, Sumpf, dumpf, stumpf, Nimbus, Samt, Däumchen, Bäumchen, Wimpel

Auslautend
vom, Tom, Dom / dumm, stumm, zum / Damm, Lamm, Stamm, zahm, lahm, Scham / wem, dem, Lehm / schlimm / Leim / Schaum, Saum, Baum, Flaum

Häufung
Mümmelmann, Mitmensch, Mummenschanz, Blumensamen, Max und Moritz, Mammut, Muselmann, Mohnblume (Musenalmanach)

Übung macht den Meister / Glück macht Mut (GOETHE) / Mahle, Mühle, mahle ... (DEHMEL) / Das Amt ist des Mannes Lehrmeister / Der Mann ehrt das Amt, nicht das Amt den Mann / Man muß den Bock nicht zum Gärtner machen / Kein Mensch muß müssen (LESSING) / Meister Müller, mahl' mir meine Metze Mehl, morgen muß mir meine Mutter Milchmus machen / Wenn mancher Mann wüßte, wer mancher Mann wär', gäb' mancher Mann manchem Mann manchmal mehr Ehr'. Da mancher Mann nicht weiß, wer mancher Mann ist, drum mancher Mann manchen Mann manchmal vergißt / Der Mond hat Münzen ins Meer gesät (MAJAKOWSKI) / Die Sucht, ein großer Mann zu werden, macht manchen zum kleinsten Mann auf Erden (HEBBEL)

N

Nasallaut: Lippen leicht geöffnet (ohne die Oberlippe zu »kräuseln«); geringer Kieferwinkel; Zungensaum liegt an der Oberzahnreihe an und schließt so den Mundraum ab (wie bei D); Gaumensegel hängt herab.

Nonne, Noppe / Nuß, Nutzen, Null / Napf, naß / nennen, nett, Nessel, Nest, Nässe / nippen, nicht, nisten / nützlich, nützen / neun, neu / nein, Neid, Neiße / nautisch | Anlautend, kurzer Vokal

Not, Note, Nomen / nun, Nute / Naht, Name, Nabel, Nase / Nebel, neben, nehmen / Niet, Niete, niemand, nie, Nil / Nöte, nötig / Näschen, Nähte, Nähe | langer Vokal

Wonne, Sonne, Tonne, Bohne, lohnen, wohnen, schonen / Tunnel, Buhne / Wanne, Panne, Pfanne, Sahne, Plane, mahnen, Fahne / Tenne, Senne, Lehne, Sehne, dehnen / Sinne, Minne, Zinne, Biene, Schiene / tönen, Söhne, Schöne (entlöhnen, entwöhnen) / Bühne, Sühne / wähnen, Däne / Scheune, Zäune / Beine, weinen, scheinen, meinen / Laune, Sauna, Fauna | Inlautend

Sonde, Mond, bewohnt / wund, bunt, Punsch, Mund, Wunsch, Pfund, Stunde / Wand, Sand, Land, Band, Tanz, Hans / Sense, bewenden, Senf, senden, Mensch, wenden, Tänzchen (anwenden) / lind, Linde, binden, Wind / Wünsche, Mündel, Bündel, Tünche, lynchen, fünfzig, München, Mündchen / Mainz (eins), feinsinnig | n + Konsonant

Bonn, von, Sohn, Lohn, Mohn, Ton, schon / Tun, nun / Bann, wann, dann, Tann, Wahn, Zahn / wenn, denn, Senn / Zinn, Sinn, Wien / schön / Bein, sein, Pein, mein, dein, fein, Wein, Schein / Zaun, Faun | Auslautend

Häufung Neunundneunzig, Tannennadeln, national, Namensnennung nimmermehr, Neunaugen

Nun und nimmer / Niet- und nagelfest / Neffen und Nichten / Nie und nimmer / Sein und Schein / Mein und dein / Wie gewonnen, so zerronnen / Des Nachbars Henne scheint uns eine Gans (Türkisches Sprichwort) / Hansdampf in allen Gassen / Namen nennen dich nicht

Nennt man die besten Namen,
So wird auch der meine genannt!
(HEINE)

Von dem Dome
Schwer und bang
Tönt die Glocke
Grabgesang.
(SCHILLER)

J

Stimmhafter Engelaut: Leichte Lippenöffnung bei geringem Kieferwinkel; Zungenspitzenkontakt mit der Unterzahnreihe; Vorderzungenrücken wölbt sich dem Gaumen entgegen, wodurch die Zungenränder beiderseits festen Verschluß bilden und den Phonationsstrom nur durch eine mittlere Rille entweichen lassen; Gaumensegelverschluß unvollständig.

Anlautend Joppe, Jolle / Justiz, Just, Junge, Juchten / Jambus, Jacke, Jacht / jetzt / jaulen

Jod, Jota / Juno, Juni, Jude, Jubel / Java, ja / Jena, jede, jeden, jemand / jüdisch

Inlautend Boje, Benjamin, Maja, Majonäse / Vanille, Billard, Taille / Bastille

Häufung Jelängerjelieber
Das Glück läßt sich nicht jagen von jedem Jägerlein (SCHEFFEL) / Jorinde und Joringel

Ja soll ja und nein soll nein,
Nein nicht ja, ja nicht nein sein.
(LOGAU)

ĆH

Stimmloser Engelaut: Bildung wie [j] (nur stimmlos); besonders zu (ich-Laut)
beachten ist der feste seitliche Verschluß durch die Zungenränder am
harten Gaumen; Gaumensegelverschluß.

Chemie, China, chinesisch, Chinin, Chinese, Chi (Chirurg, Cherub)   Anlautend

mechanisch, tschechisch, psychisch, Bäche, fechten, möchte, Inlautend
Licht, Zeche, Gicht, wichtig, nichtig, Beichte, dicht, Sicht / München, tünchen, Mönche, Männchen, lynchen, Fenchel, Bällchen,
Schößchen, Mäuschen, Häuschen, Häufchen, Höschen, Blüschen

Lech, Laich, Pech, bleich, mich, dich, Dolch, euch, weich, Molch, Auslautend
Milch, Mönch / wichtig, mächtig, bedächtig, tüchtig, flüchtig,
wöchentlich

richtig, berichtigt, berichtigen / König, Könige, königlich, König-   ig-ich
reich / übrig, übrige, erübrigt / wichtig, das Wichtigste, wichtige /
vereinigt, vereinigen, einig / ewig, ewige, verewigt, ewiglich /
mächtig, mächtige, ermächtigt

Dichten ist Gerichtstag halten über sich selbst (IBSEN) / Der Ab-   Häufung
sicht Niedrigkeit erniedrigt große Taten (Uz) / Besser Vorsicht als
Nachsicht / Seid einig, einig, einig! (SCHILLER) / Sprich, damit ich
dich sehe (SOKRATES) / Das Reich der Dichtung ist das Reich
der Wahrheit (CHAMISSO)

So zog der Zug und mit ihm ich,
Verhüllt durch Schnee vor jedem feindlichen Angriff,
Durch Hunger durchscheinend, keine Zielscheibe,
(BRECHT)

S, SS[1]

Stimmhafter beziehungsweise stimmloser Engelaut: Öffnung der
Lippen (wie bei leichtem Lächeln, die Unterlippe darf die Oberzahn-
reihe nicht berühren); Zungenspitze liegt der Unterzahnreihe an,
und zwar an den beiden ersten Schneidezähnen jeder Gebißhälfte
(Incisivi 1); die Vorderzunge wölbt sich dem oberen Zahndamm ent-
gegen und bildet eine sagittale Rinne für den Phonationsstrom,
während die Zungenränder am harten Gaumen einen Abschluß

---

1 [SS] = stimmloser S-Laut. [S] = stimmhafter S-Laut.

bilden; bei geringem Kieferwinkel nähern sich die unteren Schneidezähne den oberen; Gaumensegelverschluß bei [ss][1].

s- kurzer Vokal
Sonne, Sonde, soll, Sold / Suppe, Sund, Summe / satt, Sand, Saft, Saldo, Samt / Senf, senden, Semmel / Sicht, sind, sinnen, Sitte, Silbe, Sippe / Sünde / Säule, säumen, Seuche / Seife, sein, Seite, Seide / saufen, Sauna, Sau, Saum

s- langer Vokal
Solo, Sohn, Sofa, Soda / Sudan, Suse, Sud / Sahne, Saale, Saat, Samen / Seele, sehnen, See, Sehne / Silo, Siele, sieden, Sieb / Söhnchen / Süden, Sühne / Säle, Säge

-s-
Lose, Moose, Dose / Muse, Bluse / Vase, Nase, Base / Besen, lesen, Wesen (Esel, Esau) / Bison, Wiese, Liese, niesen, Biese, diese, Diesel, Wisent / lösen, böse (Öse) / Düse / Mäuse, Läuse, säuseln / Meise, leise, Weise, Schneise / Pause, sausen, mausen, Flausen

-ss-
Soße, Schloßen, stoßen / Muße, Buße / Maße, fassen, lassen, Tasse, passen, Spaßen / Messe, Nässe, wessen, dessen, Nessel, Bässe / Spieße, schießen, schließen, wissen, Bissen, missen / büßen, Füße, Süße, Schüssel, Schlüssel, Nüsse, Schüsse / Schöße (Schlösser) / mäßig, Späße / beißen, Meißen, Meißel, Pleiße / interessant

ss-
Stola, Szene, Stanislaw, Sphäre, sphärisch (Skat, skandieren, Skalde, Skalp, Skunk, Sketch, Sklave, Sphinx)

-ss vor Konsonant
bemoost, Most, Pfosten (Ost, Kost, Osmin), losplatzen, stoßweise (loskaufen) / Wust, Lust (Husten), Nußbaum / Last, Bast, Mast, fasten, Taste (Gasflamme, Weißglut) / Fest, Pest, Nest, Fäßchen, Wespe (Eßlöffel) / Biest, Mist, Distel, List, bißchen, lispeln, Mispel / Wüste, mystisch, Lüste (Küßchen, Küste) / Näschen, Väschen / scheußlich (häuslich) / feist, Leiste, meist (Eiswaffel) / Faust

-lss/-ls[2]
Hals, Fels, Puls, falls, Wels, Pils / Felsen, Hülse, pulsieren, Falsett, Welse, Ilse, Hälse

1 Bei gestörtem S-Laut empfiehlt es sich, die Wortauswahl mit i, e und a zu beginnen.
2 Entgegen der Regelung im »Wörterbuch der deutschen Aussprache« hat sich für die Endung [-lss] die Aussprache [-ltss] durchgesetzt; also für »Fels« Aussprache [Feltss] — aber: [Felsen]! Mithin macht der Sprecher keinen Unterschied der Aussprache zwischen »falls« und »Falz«!

Moos, Los, bloß, Schloß / Mus, Fuß, Nuß, Schuß, muß, Bus / -ss
Maß, Spaß, naß, Faß, Baß, was, das (Glas, Gras, Gas, As), Paß /
Vlies, dies, Biß (Iltis, Riß) / Löß, Maus, Laus, Schmaus, Steiß,
Fleiß

Korrektur des fehlerhaften S-Lautes durch Ableitung: Ableitung

freundlichst, höflichst, (des) Blechs, (des) Ichs, (des) Pechs, (des)   ch + ss/s
Dolchs, (des) Molchs, (das) Wichtigste, (das) Niedlichste, (das)
Richtigste, sehnlichst, (des) Königs / Milchsuppe, bleichsüchtig,
sich sehnen, ich sah, ich soll, ich sei, ich sende, ich sinne, sich sammeln, ein König sein, glücklich sein, richtig singen, gleichsam

sittsam, seltsam, es ist so, Leichtsinn, selbstsüchtig, ratsam,   t + s
Schriftsatz, Bildsäule, Notsitz, mitsingen, mitsuchen, Ostsee

Psyche, Psalm, Pseudonym, Flaps, Schnaps, Mops, Schöps,   p + ss
Schwips, Schlips, Psychose

Pose − Posse, Wesen − wessen, äsen − essen, Weise − Weiße,   ss + s
Vasen − fassen, lassen − lasen, naß − Nase, Blase − Blässe

Aussicht, aussehen / Es muß sein / Es sind / Es sei / Was soll das
sein? / Muß das so sein? / Es sieht so aus / Lößsand, aussenden,
Schlußsatz, weissagen, Genußsucht / Hans Sachs / eins sein

naseweis, sinnlos, Wesenszug, Sessel, Soße, wesensmäßig / Samt   Häufung[1]
und Seide / Singen und sagen / süße Suppe / Gruß und Kuß / Dies
und jenes / Von Haus zu Haus / In Saus und Braus / Singe, wem
Gesang gegeben / Der Hirte sammelt seine satte Herde (DEHMEL) /
Singet leise, leise, leise, singt ein sanftes Wiegenlied / Es reißt sich
los das rasche Roß / Man muß sich für nichts zu gering halten
(LICHTENBERG) / Man soll das Eisen schmieden, solange es heiß
ist / Wenn zwei dasselbe tun, so ist es nicht dasselbe / In einer
großen Seele ist alles groß (PASCAL) / Der Geiz und der Bettelsack
sind bodenlos / Die Seele vom Genuß, o Freund, ist dessen Kürze
(RÜCKERT) / Wer barfuß geht, muß keine Dornen säen / Die Gegenwart, von der der Mensch lebt, wird nicht für ihn genußreich
durch ruhigen Besitz des Erworbenen, sondern durch das Streben
nach höheren Zielen (DIESTERWEG)

1 Benutze auch im Anhang den Auszug aus »Der verwundete Sokrates« von B. BRECHT usw. K + ss siehe S. 59, k + s siehe S. 70.

Z

Lautverbindung von [t] und [ss] (vergleiche die Bildung dieser Laute). Erforderlich ist eine kräftige Artikulation des [t].

Anlautend, kurzer Vokal
: Zoll, Zopf, zottig / Zunft, zum / zappeln / Zelle / Zille, Zinn, zischen, Zins, Zimt / Zölle, Zöpfe / zünden / Zeus, Zäune / Zeile, Zeisig, Zeit, Zeichen / Zaun, zausen

langer Vokal
: Zobel, Zone, Zoo, Zote / zu, Zutat, Zulu / Zahn, Zahl, zahlen / Zehe, Zebu / zielen, Ziel / Zölibat / zynisch / Zähne, zäh, zählen

Inlautend
: Nutzen, beschmutzen, putzen, Butzenscheiben / Tatze, Batzen / schätzen, Netze, Fetzen, setzen, letztens / Witze, Blitze, Sitze, schwitzen, Litze, Spitze / Klötze / stützen, schützen, nützen, Schütze, Mütze, Pfütze / schneuzen / Beize, Weizen (heizen) / Bautzen, schnauzen

Auslautend
: Schmutz, Putz, Schutz / Schatz, Platz, Spatz, Satz / Netz, Petz / Schlitz, Blitz, Witz, Sitz / plötzlich / Schweiz

-lz
: Pelz, Schmalz, Falz, falzen, wälzen, Pilz, schnalzen, Schnulze, Balz, Bolzen, Holz, Sülze, Malz, Walzer, Salz, Walze, Milz

z + w
: Zweifel, zwischen, zwei, zwölf, Zwiebel, zwanzig, Zwiespalt, Zwielicht, Zwist, Zwillich

ss + z
: Tageszeit, ausziehen, Eiszeit, auszahlen, Tageszuteilung, Eiszapfen, Tageszeitung, Reißzwecke, es zieht (Zinseszins)

Zahlen
: 2, 10, 12, 13, 14, 15, 16, 17, 18, 19, 20, 22   und so weiter
42, 52, 62, 72, 82, 92, 2222

Häufung
: Blitz auf Blitz / Zug um Zug / Zahn um Zahn / Zaum und Zügel / Potz Blitz! / Mit Zittern und Zagen / Der Zahn der Zeit / Im Zickzack zuckt ein Blitz (LILIENCRON) / Zwischen Holz und Holz ist ein Unterschied (MOLIÈRE) / Der deutschen Zwietracht mitten ins Herz! (HAUPTMANN) / Es bringt die Zeit ein anderes Gesetz (SCHILLER) / Das Auge ist des Herzens Zeiger / Wenn die Katze fort ist, tanzen die Mäuse / Zwerge bleiben Zwerge, wenn sie auch auf Alpen sitzen / Wer sich ein ganzes Leben als einən zuverlässigen Mann bewiesen, der macht eine Handlung zuverlässig, die anderen zweideutig erscheinen würde (GOETHE)

Sch

Stimmloser Engelaut: Kräftig vorgestülpte, dabei geöffnete Lippen; geringer Kieferwinkel; Zungenrücken aufgewölbt, Zungenränder bilden Abschluß am harten Gaumen, der Phonationsstrom entweicht durch die sagittale Rinne des Zungenrückens (die Rinne ist breiter als bei [s]); Zungenspitze reicht nicht ganz bis an die oberen Schneidezähne; Gaumensegelverschluß.

Scholle, Schoppen / Schund, Schutz, Schutt, Schuppen / Schall, Schande, Schalmei, Schatten, schalten, schaffen, Schamotte / schänden, schellen, Schätze, Schelm, Scheffel / schinden, Schiff, Schimmel, Schilf, Schippe, Schimpanse, Schild, Schindel / Schöffe, schöpfen, Schöps / schützen, schütten, Schüssel, schütteln / scheu, scheußlich, Scheusal, Scheune, scheuchen / Scheibe, scheiden, Scheich, Schein, Scheit, Scheitel / Schaufel, schauen, Schauspiel   Anlautend, kurzer Vokal

Schoß, schonen, schon / Schute, Schule, Schuh, Schub / Scham, Schade, Schaf, schaben, Schah, Schal / scheel, Schema, Schemel / Schi, schielen, schieben, schief, Schiene, schießen / schön, Schößchen / schämen, schälen, schädlich, schäbig   langer Vokal

Moschee / Tusche, Muschel / Tasche, Flasche, Masche, Pascha, Lasche, Asche, naschen / Esche, Wäsche / wischen, mischen, fischen, Tische, Fische, zischen / löschen / Büsche / täuschen / lauschen, tauschen, plauschen   Inlautend

Tusch, Busch, Pfusch / lasch / fesch / Fisch, Tisch, Wisch / Plüsch / keusch / Fleisch / Flausch, Tausch, Bausch   Auslautend

Spott, Spuk, Spucke, Spule, Spund, sputen / Spaß, Spaten, Spatel, Spatz, Spanne, spazieren / Specht, Spelz, spendabel, Spende, spezial / Spiegel, Spiel, Spieß, Spinat, Spind, Spindel, Spinne, Spinett, Spion, Spitze / spötteln, spöttisch / spülen / spähen, spät / Speichel, Speichen, Speise   sch + p

Stolz, Stoff, Stolle, stopfen, stoppeln, Stoß, stoben / Stunde, Stumpen, stumpf, Stufe, Stube, Studium, Stuhl, Stute, stupsen, Stulpe, Stummel / Stamm, Stadt, stabil, Staffel, stammeln, stampfen, Stand, Stanze, stapfen, Staat, Stapel, Stahl / Ställe, Stelzen, Stämme, Stempel, Steppe, stehlen, stehen / Stille, Stich, Stift, Stimme, Stiefel / stöhnen, Stöpsel, Stöße / stündlich,   sch + t stützen, stülpen, Stübchen / Städte, stählen, Stätte / stäuben, stäupen / Staub, stauen, Staude, staunen, Stausee / steif, steil, Stein, Steiß

sch + m schmollen / Schmu, schmunzeln, schmusen, Schmutz / schmal, Schmalz, Schmant, schmatzen / Schmelz, schmelzen / Schmied, Schmiß / schmeicheln, schmeißen / schmausen

sch + l Schloß, Schloße, Schlot / Schluß, Schlund (Schlucht, schluchzen) / Schlamm, Schlaf, Schlappe, schlaff, schlampig / schlemmen, schlecht, Schlehe, Schleppe, Schlepptau / schlimm, Schlips, Schliche, schlicht, schließen, Schliff, Schlitten / Schlößchen / Schlüssel, schlüpfen, schlüssig / Schläfe / schleusen, Schleuse, Schläue / Schleim, Schleife, Schleie, schleichen / Schlaufe, schlau (Schlauch)

sch + n Schnute, Schnupfen, Schnuppe / Schnabel, Schnalle, schnalzen, schnappen, Schnaps / Schnee, schnell, Schnepfe / schnippen, Schnippchen, Schnitt, Schitzel, schnitzen / schnüffeln / Schnösel, schnöde / schnäbeln / schneuzen / schneid / schnaufen

sch + w Schwund, Schwulst / Schwall, schwatzen, Schwabe, schwafeln, Schwalbe, Schwanz, Schwan / schwellen, schweben, Schweden, Schwefel, Schwebe, Schwämme, Schwäche / schwinden, schwitzen, Schwips, Schwiele, schwimmen, Schwindel / Schwüle, schwülstig / Schwäne, Schwäbin / Schwein, Schweif, Schweiz

sch + ćh[1] Tischchen, Fischchen / Fläschchen, Täschchen / Rüschchen / Bürschchen, Hirschchen, Kirschchen

Stimmhaftes sch Genie, Giro, Gage, Blamage, Courage, Loge, chargieren, Charge, Etage, Eloge, Regie, Regisseur

Ableitung Korrektur des fehlerhaften [sch] durch Ableitungen:

ss + sch (Ausschnitt, Eisschrank, ausschälen, ausschwärmen, ausscheiden, weiß-schwarz, ausschauen, ausschenken, Ausschuß, großschreiben, Aussprache, tschechisches Stück) / Schießschanze, Nußschale, Siegesschmaus / es scheint / etwas schenken / das Schöne / das Schlimme / das Schwere / Glassturz

1 Vgl. auch S. 51 u. 70f.

Plüschsessel, rauschsüchtig, Fleischsuppe, Fischsuppe	sch + s
Mattscheibe, Mondschein, Matsch, Mastschwein, tschilpen (Gaststube, Kutsche, Kitsch, Tschako, Csárdás) / es ist schön / es ist schwer / es ist schwarz / fletschen, Etsch, deutsch	t + sch
Blechschaufel, Weichstücke, Deichstraße, Milchstube, Milchstraße, Milchschale / sich schützen / sich stellen / ich spiele, ich schiebe / Durchschnitt, durchscheinen, durchschauen, durchschleifen, Durchschuß, Dolchstoß / Blechstück, Blechschmiede	ch + sch
Reichsschatzmeister, Königsschloß	ch+ss+sch
Kurzschluß, Blitzschlag, Hitzschlag, Herzschwäche	z + sch
Menschen, wünschen, Punsch, manschen, Wunsch (Pinscher)	n + sch
Waschschüssel, Froschschenkel, Waschtisch, Mischmasch, witschwatsch, husch-husch, Schneeschuh, Stillschweigen, Schwalbenschwanz, Schießschanze	Häufung

Es ist schwer, einem Schweine etwas Schlechtes abzugewöhnen / Alle Menschen schieben auf und bereuen den Aufschub (LICHTENBERG) / Der Mensch kann nur Mensch werden durch Erziehung (KANT) / Ein schlechter Schütze, der keine Ausrede hat / Geschehenes wird nimmer ungeschehen (SOPHOKLES) / Kleine Geschenke erhalten die Freundschaft / Jeder Mensch schafft sich seine eigene Größe (v. KOTZEBUE) / Wer den Schaden hat, braucht für den Spott nicht zu sorgen / Allzu scharf macht schartig / Besser mit Schaden als mit Schande klug werden / Wer im Schaden schwimmt, der har es gern, daß andere mit ihm baden / Schnalle schnell die Schnallen an

G

Stimmhafter Verschlußlaut: Lippenöffnungsweite und Kieferwinkel hängen vor allem von der Lautnachbarschaft des [g] ab; Zungenspitzenkontakt mit der Unterzahnreihe; Zungenrücken hebt sich gegen den Gaumen und bildet hier den Mundverschluß; der Verschluß soll möglichst weit im Bereich des harten Gaumens erfolgen; die Hinterzungenränder bilden außerdem Verschluß mit den oberen Mahlzähnen; fester Gaumensegelverschluß (Stimmhaftigkeit ist zu beachten!).

Anlautend, kurzer Vokal	Gondel, Gold / Gunst, Gulden, Gummi / Gans, Galle / gelb, gelten, Geld, Gänse, Gemse, Gäste / Gilde, Gischt, Gips, Gift, Gicht / göttlich / gülden, günstig / Gäule / Geist, Geige, Geiß / Gaul, Gau, Gaumen
langer Vokal	Golem, Gose, Gotha / gut / Gabe, Gas, Gage / gehen, Gegend / Giebel, gib / Güte, gütig / gähnen
gl-	Glas, gleiten, glimmen, Glied, gleich, Globus, glänzen, Glut, Glaube, Glanz, Glätte, gläubig
Inlautend	Dogge, Bogen, Toga, logisch / Tugend, Jugend, Nugat / Flagge, Maggi, Magen, sagen, Wagen, Tage, nagen, schlagen, Lage / Egge, legen, Wege, Stege, fegen, Segel, Flegel, Pegel / Wiege, biegen, siegen, Spiegel, liegen / mögen, Bögen / Züge, Lüge, Bügel, flügge, Müggelsee, Pflüge / wägen, sägen / zeugen, säugen / zeigen, geigen, Feigen, neigen / Lauge, saugen, taugen (Auge)
Häufung	Wagenstange, Fliegengift, Tagegeld, gutgläubig, Gegengift, goldgelb, Galgenvogel, gleichgültig

ungeladene Gäste / gut und gern / ganz und gar / gang und gäbe / gestiefelt und gespornt

Gegen unsere Vorzüge sind wir gleichgültig; über unsere Gebrechen suchen wir uns so lange zu täuschen, bis wir sie endlich für Vortrefflichkeiten halten (HEINE) / ... wer ist so gebildet, daß er nicht seine Vorzüge gegen andre manchmal auf eine grausame Art geltend machte? (GOETHE) / Greife schnell zum Augenblick, nur die Gegenwart ist dein! (KÖRNER) / Gerät aber am Ganzen etwas nicht, so ist es als Ganzes mangelhaft, so gut einzelne Partien auch sein mögen (ECKERMANN) / Es ist nicht alles Gold, was glänzt / Bei großem Gewinn ist großer Betrug / Die Menschen werden nur durch Menschen gebildet, die Guten von Guten (GOETHE) / Junge Gänse haben große Mäuler / Gleich zu gleich gesellt sich gern

Alter gesellet sich gern der Jugend, Jugend zum Alter; Aber am liebsten bewegt Gleiches dem Gleichen sich zu (GOETHE)

K

Stimmloser Verschlußlaut: Es gilt das gleiche wie bei [g] (aber stimmlos).

Kosten, Konto, Kopf, Konsul / Kutte, Kunst, kuschen, Kuppel, Kutsche, Kunde / Katze, Kalb, Kasten, Kaffee, kalt, Kampf, Kappe, Kamm / kennen, Kette, Kälte, keck / Kind, Kimme, Kiste, Kissen, Kittel / köstlich, Köln / Küste, Kümmel, Küsse, künden / käuflich, Keule / Keim, keifen, Keil, kein / kauen, kaum, Kauf — Anlautend, kurzer Vokal

Kohle, kosen / Kuh, Kufe (Kuchen) / Kahn, kam, Kanu, kahl, Kabel / Kehle, Kegel / Kiel, Kien, Kiemen / Köthen, König / Kühe, kühl, kühn / Käse, Kähne — langer Vokal

Kleid, Klasse, klamm, Klamotte, klimmen, Klemme, klein, Klee, Klaue, klaffen, klappen, Klippe, Klette, Kloß, Klumpen, Klage, Klümpchen — kl-

Knoten, Knie, Knödel, Knäuel, Knauf, Kneipe, Knüppel, kneifen, knebeln, Knecht, knobeln, Knute, Knall, Knabe — kn-

Quitte, quellen, Qualm, Qual, Quaste, Quatsch, Quantum, Qualle, Quant, quetschen, quälen, Quell, Quote — kw-

Socken, locken, Pocken / ducken, zucken, mucken, Luke, Kuckkuck / Dackel, Zacken, wackeln, Paket, backen, knacken, Schnake, Laken, Makel / lecken, Schnecke, necken, Decken, wecken (Ecke, Ekel) / zwicken, Blicke, nicken, Wicke, sticken, flicken / blöken / Mücke, Stücke, Tücke, zücken, Lücke, Kücken / mäkeln — Inlautend

Dock, Stock, Schock, Bock, Sog, log / Puck, Stuck, Bug, Lug / Sack, Lack, Pack, Tag, mag / Deck, leck, Scheck, Weg, Steg, Geck / dick, Blick, Schlick, Sieg — Auslautend

Ochse, boxen, Koks / Fuchs, Luchs / Lachs, Dachs, Axt, Xanthippe, Wachs, Max, Flachs, Faxen, wachsen / sechs, Xenie, Hexe, Klecks, Keks, Wechsel / fix, Wichse, Sphinx, mixen / Büchse, Füchse, Xylophon, Styx / Deichsel, feixen — -kss-

Gebälk, welken, Nelke, melken, Balken / Mondkalb, mitkommen / Abkommen / Kaskade, Asket, Maske, Whisky / Schmuckkasten, Steckkontakt, Blickkonzentration, Wegkreuzung, Zugkraft — Verschiedene Konsonanten +k

Ableitung Ableitung schwieriger K-Verbindungen von Vorderzungenvokalen:

Kisten – kosten, Kimme – Komma, Söckchen – Socken / Künste – Kunst, künden – Kunde, blöken – Pflug / sticken – staken, pflücken – Fackel, nicken – Nacken, picken – packen, siegt – sagt, Kind – Kant, Kälbchen – Kalb, Kiste – Kasten / Kiel – kühl – kahl, Kies – Käse – kosen, Dicke – Tücke – Tag, Kiefer – Käfer – Kaffee, Wicke – wecken – wackeln, flicken – pflücken – Flachs

Häufung Kehlkopf, Krokus, Keilkissen, Kakao, Kindskopf, Konfekt, Kutschkasten, Kautschuk, Knotenpunkt, Kochkunst, Kaulquappe, Klavierauszug, Kniekehle, Käsekuchen, Kohlenkasten

Kopf und Kragen / Kind und Kegel / Kimme und Korn / Küche und Keller / klein und keck / Kisten und Kasten / Kurz und klein / Klipp und klar / Knusper, knusper Knäuschen ... / Knüppel aus dem Sack / Mit Sack und Pack / Ackerwerk, wacker Werk / Lieber ein Ende mit Schrecken, als ein Schrecken ohne Ende (v. SCHILL) / Klein Kind kann keinen Kirschkern knacken

Wer sich nicht nach der Decke streckt,
Dem bleiben die Füße unbedeckt.
(GOETHE)

Eitelkeit –
Ein schlimmes Kleid.

G-K

Bogen – bocken, gut – Kuh, Gans – Kanne, Klasse – Glas, Nakken – nagen, Gabel – Kabel, Gas – Kasten, wecken – Wege, Kästen – Gäste, Geld – Kälte, Stege – Stecken, Spiegel – spicken, glimmen – klimmen, pflücken – flügge, zücken – Züge, Lüge – Lücke, Güte – kühn, künden – gülden, gähnen – Kähne, Gäule – Keule, Gau – kauen, Gaumen – kaum, gleich – Kleid, gleiten – kleiden

Gießkanne, Kunstgenuß, Gänseklein, Kunigunde, Kaugummi, Glaskasten, quittegelb / Sackgasse (Rückgrat), Kalkgemisch / Goldschmiedekunst, Gotenkönig, Tageskino, Glaskugel, Wogenkämme, Güteklasse, Königssiegel, Geigenkasten (Kostgänger)

Gebeugt erst zeigt der Bogen seine Kraft (GRILLPARZER) / Wer Glück hat, dem kälbert ein Ochs (CHR. LEHMANN) / Gute Gedanken und gute Werke sind Geschwisterkinder, die einander immer bei der Hand führen / Kurze Geduld bringt langen Frieden / Die Karre aus dem Dreck ziehen

Immer strebe zum Ganzen, und, kannst du selber kein Ganzes werden, als dienendes Glied schließ' an ein Ganzes dich an!
(SCHILLER)

Durchs Auge Liebe?
Nichts ist abgeschmackter.
Der Kehlkopf nur verrät uns den Charakter.
(FONTANE)

NG

Nasallaut: Lippenöffnungsweite und Kieferwinkel in Abhängigkeit von der Lautnachbarschaft; Zungenspitzenkontakt mit Unterzahnreihe; Aufwölbung der Mittelzunge möglichst gegen den harten Gaumen; Hinterzungenränder bilden außerdem Verschluß mit den oberen Mahlzähnen (zu beachten ist, daß [ng] als ein Laut gesprochen wird, nicht wie im Schriftbild doppellautig!); Gaumensegel hängt herab.

Gong, Fond, Song / Schwung, Lösung, Übung, Änderung, Dichtung, Lichtung / lang, Gesang, Anfang, Gang, Fang / eng / Ding, fing / Jüngling, Bückling	Auslautend
Lunge, Zunge / lange, Bange, Wange, Zange, Spange / Enge, hängen, dengeln, Länge, Mängel / Dinge, Bingen, zwingen, singen	Inlautend
Kongo, Mungo, Languste, Ingo, Singular, Känguruh, Bungalow, Mangan	ng + g
Bank, Zank, Dank, Tank, Ausschank / Fink, Wink	-ngk
Onkel, Tunke, dunkel, wanken, danken, denken, schenken, lenken, Bänke, winken, sinken, Schinken	-ngk-
Drang -- Trank, fing – Fink, sang – sank, Bank – bang, schlank – schlang, Ding – Wink, gering – Zink, Geschenk – streng, frank – Fang, blank – Gang, Klang – krank, jung – Trunk, Rang – Dank, schwang – Schwank, Gelenk – eng, flink – hing, Schwung – Prunk	ng-ngk

drängen – tränken, klingen – klinken, rangen – ranken, Engel – Enkel, düngen – dünken, hängen – henken, Längen – lenken, gingen – hinken, prangen – Pranken, Wangen – wanken, Zangen – zanken, Anger – Anker, junger – Junker, dringt – trinkt, sengt – senkt, klingt – klinkt, gesengt – gesenkt, umfängt – beschränkt, schwangst – schwankst, längst – lenkst, hingst – hinkst, rangst – rankst, links – rittlings – rings

Unterscheide Angel – angeblich, Ungar – ungar, Anker – ankaufen, Unke – Ungetüm – Unglück

Häufung Angst und Bange / Kling und Klang / Mit Hangen und Bangen / Singe, wem Gesang gegeben / Laß das Vergangene vergangen sein (GOETHE) / Im engen Kreis verengert sich der Sinn (SCHILLER)

Von dem Dome
Schwer und bang
Tönt die Glocke
Grabgesang.
(SCHILLER)

CH

(ach-Laut) *Stimmloser Engelaut: Entsprechend der Lautnachbarschaft unterschiedliche Lippenöffnungsweite und der entsprechenden Vokalverbindung angemessener Kieferöffnungswinkel; Zungenspitzenkontakt mit Unterzahnreihe; Aufwölbung des Zungenrückens in Richtung auf den harten Gaumen; Gaumensegel ist gehoben (das [ch] wird so vorsichtig als nur möglich artikuliert, so daß kein Schnarchgeräusch entstehen kann!).*

Inlautend Woche, Docht / Buche, fluchen, suchen, Bucht, Schlucht, Wucht, Sucht, Juchten / lachen, machen, Sachen, Stachel, Nachen, Schacht, Nacht, Schlacht, Wachtel, sacht, Pacht, Macht, Spachtel / fauchen, tauchen

Auslautend noch / Tuch, Buch, Fluch / Bach, Dach, Fach, Schach / Bauch, Schlauch

ch-ch ich – ach, dich – Dach, Licht – lacht, Fichte – Fach, Pflicht – flach, Wicht – Wacht, mich – machen, Sicht – sacht, Specht – Spachtel, Flechte – flach, Nächte – Nacht, Pech – Pacht, fechten – Fach / Lichtdocht, Buchzeichen, wichtigmachen

doch − Dach, noch − Nacht, lochen − lachen, Wochen − wachen, ch-ch
pochen − pachten, Bucht − Bach, Sucht − sacht, Juchten − Jachten

Lage − Lache, Magen − machen, nagen − Nachen, Kragen − kra- g-ćh-ch
chen, Deich − Teig, Stiege − Stiche, tauchen − taugen, eigen −
Eichen, Sache − Sage, reichen − Reigen, zeigen − Zeichen, säugen
− Seuchen, Arche − arge, kriegen − kriechen, Tag − Dach, Fach −
vag, fragt − Fracht, Magd − Macht, liegt − Licht, siech − Sieg,
siegt − Sicht, wiegt − Wicht, focht − Vogt, Loch − log, Bug −
Buch

Unter Dach und Fach / Mit Ach und Krach / Eintracht bringt Häufung
Macht

Einer acht's,
Der andre verlacht's,
Der dritte betracht's,
Was macht's. (Inschrift am Rathaus zu Wernigerode)

R

Stimmhafter Schwinglaut:

Hinterzungen-R (Zäpfchen-R): Lippenöffnung und Kieferwinkel
entsprechend der Lautnachbarschaft; Zungenspitzenkontakt mit
Unterzahnreihe; Hinterzunge gegen Zäpfchen gehoben, beide
schwingen bei Phonation gegeneinander; Gaumsegelverschluß
unvollständig (es darf kein Schnarchgeräusch entstehen!).
Zungenspitzen-R: Lippenöffnung bei geringem Kieferwinkel;
Zungenspitze flattert passiv gegen oberen Alveolarrand, indem
sie den die Schwingung bewirkenden Luftstrom unterbricht;
Zungenränder bilden beiderseits Verschluß mit der Oberzahnreihe; Gaumensegelverschluß unvollständig.

Das *Zäpfchen-R* leite man am besten von den Konsonanten der
vorderen Artikulationsgebiete ab, also in Wortverbindungen mit:

br-, pr-, dr-, tr-

Man bilde das [r] mit der Vorstellung, es ganz in die Nähe des vorausgehenden Konsonanten zu bringen. Außerdem achte man auf
den Zungenkontakt und die Stimmhaftigkeit des R-Lautes. Die

Weite des Rachenraumes wird durch Gähnvorstellung erreicht. Später übe man den Laut in Verbindung mit nachfolgenden Konsonanten; zuletzt das anlautende r.

Die Erlernung des *Zungen-R* ist mitunter sehr schwierig. Man benutze allgemein Lautverbindungen, die das Flattern der Zungenspitze begünstigen, zum Beispiel schnelles Sprechen von

dlodlodlodlo... und so weiter dotodotodoto... und so weiter

Solche Übungen sind Modifizierungen der von und nach TALMA entwickelten Ableitungsmethoden:

Durch schnelles Hintereinandersprechen von
teteda − tedela, tededa − tedela und ähnlichem entsteht tedetrrr. Durch Einschieben eines [e] und Austausch von [r] mit [d] läßt sich ebenfalls durch schnelles Sprechen die R-Bildung erreichen: Tedeppe − Treppe, Pedobe − Probe, Tüdeke − Türke.

Im Wort läßt sich das Zungen-R zunächst am leichtesten in Verbindung mit p, b, t, d erlernen. Man beachte dabei, daß vor allem auch die Führung des Luftstromes für die Vibration der Zungenspitze entscheidend ist.

pr- Pritsche, Priem, Primat, primitiv, Primel, Prinz, Prise, Prisma, Privat, Prinzip / prellen, Predigt, Presse, Prestige, preziös, prächtig / prall, prasseln, praktisch, prangen, Pranke, prassen, prahlen, Prag / pro, Probe, prompt, Problem, Produkt, Profession, Profil, Profit, Prognose, Projekt, Proklamation, Prolog, Promotion, Propaganda, Prospekt, Protz / Prunk, prusten / spröde / prüde, prüfen, Prügel / Prälat, Präludium, Prämie, prägnant, preziös / Preußen / Preis, preisen

br- Brief, Brille, bringen, Brigg, Brikett, Brillant, Brise / brennen, brechen / Brand, brav, Braten / Brot, Brom / brummen, Brunnen, Brunst, Brust / Brösel, Brötchen / brünstig / Bräune / breit, Brei / Braut, brauen, Brause

tr- trinken, Tritt, Trick, Trieb, triefen / treten, treffen, trennen, Treck, Tresse, Treppe, Trense / Trab, Trank / Trommel, Trog, Trost / Trug, Truppe / trösten / trübe, trügen / Treue, Träume, träufeln / treiben, Treibhaus / Traube, traut, Traufe, Trauer, Traum

Drill, drin, dringen, dritt / Dreh, Dreck, dreschen, Dresden, Dreß / dr-
Drall, Draht, Dramen, Drache, drakonisch, Drang / Drogerie,
Droge, drohen, Drohne, Droschke, Drossel / Druck, Drude, drum,
drunten / dröhnen / Drüse, drüben, drücken / drängen / dräuen /
drei, dreißig, dreist, dreizehn / draus, drauf

Friede, friedfertig, Friese, Frische, Frischling, Frisör, Frist, fri- fr-
vol / frech, fremd, frenetisch, Frequenz, Fresko, fressen, Frevel /
Frage, Frack, Fracht, Fragment, Fraktion, Franzose, Fraß,
Fratze / froh, fromm, Front, Frohsinn, Frosch, Frost, Fron /
Frucht, frugal / fröhlich, Frömmelei, frönen, frösteln / Früchte,
Frühe, Frühling, Frühstück, Frühzeit / Freunde, freuen, Freude,
Fräulein / frei, Freibeute, freien, Freifrau, Freigeist, Freiheit,
freilich, Freimut, Freisinn, Freitag, Freistaat, Freiwilligkeit /
Frau, fraulich

Wrack, wringen, Wrasen   wr-

Ritt, Riff, Rille, Rind, Ring, Rippe / rechnen, rennen, rächen,   Anlautend,
retten, Reck, Rest, Rettich, Rettung, Ränke / Ratte, Rast, Rand,   kurzer Vokal
rammen, Rampe, Rappen, Rang, raffen, Raps, Range, Raspel /
Rolle, Rock, Rost, Rotte, Roß, Robbe, Roggen / Runde, Rummel,
Rumpf, Russe, rutschen, rund / röcheln, röntgen, Rößchen, Röckchen / rütteln, Rhythmus, rüstig, Rüssel

Riemen, Riese, riechen, Riga, Ritus / Rede, Rebe, Reh, Regel,   langer Vokal
Regen / Rate, Rasen, Rahmen, Rabe, Rad, Rahe / Rom, Roland,
Rose, rot, Robe, Rosine, rodeln, roden, roh, rosa / Ruhe, rufen,
Rute, Ruhm, Rune, Ruß, Rubel, Rubens / Röschen, Röte, rö-
misch, rösten, Rhön / rühmen, Rüsche, Rüpel, rühren / Rädchen,
Räte / Räume, Räude, räuspern, Reue, Räuber / Reich, Reim,
reif, Rhein, reinlich, Reibe, Reigen, Reihe, Reis, Reise, reißen /
raunen, Rausch, Raum, Raub, raufen, Raupe

irren, verwirren, klirren, schwirren, Ire, Iris, Mirakel, Virus, Tiere, Inlautend
Niere / zerren, zerrinnen, berauschen, bereiten, beraten, Terror,
lehren, Mysterien, Ferien, Serie, Beere, wehren, Heere / Schmar-
ren, schnarren, Tarantel, Barren, Darren, Narren, Parade, schma-
rotzen, Sahara, Fahrrad, Karo / knurren, murren, schnurren,
Spuren, Fuhre, Lemuren / Porree, verdorren, knorrig, Mohren,
Nora, schmoren, bohren, Moritat, Gloriole, Vorrat, sporadisch,
Pore, Lore / dörren, störrisch, töricht, Törin, Möhre, Föhre, Störe /
Myrrhe, mürrisch, Dürre, Türen, schnüren, führen, Myriaden,

küren, Tyrann / Bären, Mähre, gewähren, nähren / Säure, bäurisch, Teuerung, Feuerung / Heirat, Kairo, Beirat / Mauren, schaurig, traurig

Auslautend wirr, irr, Geschirr, Geklirr, Bier, vier, hier, mir, dir, ihr / Herr, Teer, leer, Heer, Meer, Wehr / Gauner, Zauber, Bruder, Vater, Mutter, Schwester, Liter, Bayer, Leier, Feier, Bauer, Mauer, sauer, Feuer, Gemäuer / Katarrh, Narr, Bar, Aar, Haar, Nektar, Paar, Barbar / Tor, Ohr, Chor, Mohr, Doktor, Chlor / Kur, Uhr, Tour, Schwur, stur, Natur, Schnur / Öhr / dürr, Gebühr, Tür, für / Bär

kr- kriechen, kribbeln, Krieg, kriminell, Kringel, Krippe, Krise, Kritik, kritzeln / Krebs, Kredenz, Kredit, Creme, Krempel, Krepp, Kresse, kräftig, Krempe, kränkeln, krächzen, Kränze, kränken / Kraft, Krabbe, Kragen, krakeln, Kralle, Kram, Krampf, Kran, Kranich, krank, Kranz, Krach, Krater, kratzen, Krawatte / Krokant, Krokus, Krokodil, Krone, Kropf, Chrom, chromatisch, Chronik, Chronist, chronisch / Krug, Krume, Kruppe, Kruste / krönen, kröpfen, Krösus, Kröte / Krücke, Krümel, krümmen, Krüppel, Krypta, Chrysantheme / Krähe, Krämer / kräuseln, Kreuz, kreuzigen / kraulen, Krause, Kraut / Kreide, Kreis, kreischen, Kreisel, Kreislauf

gr- Grille, Grinsen, Griff, Grieche, Grieß, Grimasse, Grimm, Grips / grell, Grenze, gräßlich / Gramm, Grab, Gram, Graf, Grad, Gral, Grafik, Grammatik, Graphologe, Graphit, Gras, gratis, Gratulant, Gravität, Grazien, graziös / Grotte, grob, Grobian, Grog, groß, Groll, Groschen, Groteske / Gruft, Grube, Grude, Grund, Gruß, Gruppe, Gruseln / Größe, gröblich, grölen, Grönland, Größenwahn / Grübchen, Grübelei, grün, gründen, gründlich, grüßen, Grütze / Gräte, Gräfin, grämen, Grätsche, grämlich / Gräupchen, Greuel / Greis, Greif, greinen / grausen, Graupe, graulen, Grauen, grau, grausam

schr- Schrift, Schrieb, schrill, Schrippe, Schritt / Schreck, Schränke / Schramme, Schrammeln, Schrank, Schrapnell, Schranze, Schranke / Schrot, schroff, Schrott / Schrulle, Schrunde, schrumpfen, schrumplig, schrubben / schröpfen / Schräge / Schräubchen / Schrei, schreiben, Schrein, schreiten, Schreihals / Schraube

-rg nörgeln, gurgeln, Sorge, morgen, borgen, Berge, Bürge, würgen, Särge, verargen, Ärger, Orgel

torkeln, Markt, merken, wirken, Birke, Zirkel, Barke, Werke, Sarg, Harke	-rk
Mars, morsen, Torso, Borste, Pfirsich, Forst, Selters, persisch, Fürst, Bürste	-rs
morsch, herrschen, forsch, Kirsche, Tierschau, unwirsch, pirschen, Hirsch, Marsch, Barsch, Warschau	-rsch
Pforte, Mord, Torte, Sorte, Partei, Hort, Hirte, hurtig, Porto, Schwert, Bart, Fahrt, Wert	-rt
Norm, Form, normal, Wurm, Turm, Sturm, Firmament, Hermelin, Darm	-rm
vorn, schlittern, Bern, lernen, Wirrnis, Norne, Birne, Dorn, Kern, gern, Pirna, Stern	-rn
schlürfen, dürfen, Larve, Wurf, Turf, Nerven, werfen	-rf
schnarchen, Monarch, Lerche, Kirche, durch, Lurche, Furche, Arche	-rch
turbulent, Arbeit, Wirbel, werben, erben, Farbe, färben, morbid, Narbe, darben	-rb
Hürde, morden, Würde, fordern, ordnen, Herde, Pferde	-rd
Norwegen, nervös, Narvik, Nirwana, Kurve	-rw
Quirl, Kerl, Perle, Schorlemorle, verletzen, verlegen, Verlust, herrlich	-rl
Wurzel, würzen, Kürze, Herz, Schmerz, Schwärze, Erz, Arzt, Harz, Quarz	-rz
Großmacht, Großreinemachen, rauchen, Rachenkatarrh, Pracht, Rache, Drachme, Schrittmacher, Krach, Brauch, Tracht, Truchseß, Drache, dreifach, Racheakt, Rachenraum	r-k-ch
Wagen − Waren, aufwarten − aufwachten, achten − Arten, Wache − Warte, Scharte − Schacht, Furten − fuchteln, Worte − wogte, Port − pocht, focht − fort, zagten − zarten, klaren − klagen, Art − acht	Unterscheide

Häufung Riesenrad, Krämer, Kräuter, krebsrot, Kratzer, Kreuzotter, Prater, Krickelkrakel, Gräber, Gralsritter, großartig, großsprecherisch, Schrebergarten, Schreckensherrschaft, rosenrot, Rohr, Rarität, rar, Röhre, Ritterburg, rühren, Gräser, Rauhreif, Röhricht, Rhabarber, Tatar, Ratgeber, Räucherware, Raubmord, Raritätensammler, Raffinerie, Rasierapparat, redigieren, Regisseur, registrieren, Reparatur, Repertoire, Repetitorium, Reserve, Rittersporn, reserviert, Röhrchen, rückwärts, Rhetorik, Braunsche Röhre

Roland, der Riese, am Rathaus zu Bremen steht er, ein Standbild, trotzig und treu (RÜCKERT) / Wer sich heute freuen kann, der soll nicht warten bis morgen / Wer andern eine Grube gräbt, fällt selbst hinein / Jeder Mensch kann irren, im Irrtum verharren nur der Tor (CICERO) / Menschen irren, aber nur große Menschen erkennen ihren Irrtum (v. KOTZEBUE) / Guter Rat ist teuer / Das kleinste Haar wirft seinen Schatten (GOETHE) / Nur wer mit ganzer Seele wirkt, irrt nie (HÖLDERLIN) / Sobald der Mensch in Zorn gerät, gerät er in Irrtum

Getretener Quark
wird breit, nicht stark.
(GOETHE)

Wenn die Räder rasselten,
Rad an Rad, rasch ums Ziel weg.
(GOETHE)

Pfosten stürzen, Fenster klirren,
Kinder jammern, Mütter irren.
(SCHILLER)

Und horch, da sprudelt es silberhell
ganz nahe wie rieselndes Rauschen.
(SCHILLER)

Felsentore knarren rasselnd,
Phöbus Räder rollen prasselnd.
(GOETHE)

Die Vögel girren im jungen Neste,
Sie üben zweifelnd die alten Stimmen.
(HERDER)

4. Konsonantenverbindungen

Schaffell, auffinden, Schiffahrt, Auffassung, Brief folgt, Lauffeuer,   mit f
Kaufvertrag, auffordern, aufwinden, aufwenden, Schafwolle, aufwallen, schweifwedeln, aufwarten, Aufsatz, aufziehen, aufschwatzen, Aufzug, Laufgitter, Saufgelage, Taufbecken, Raufbold, Rauflust / auffliegen — aufliegen, auflassen — auf Flaschen, aufrühren — auf früheren, aufflackern — aufackern, auflachen — auf flachen

Stadttor, Bettuch, Schrittanz, Stadtteil, Waldtaube, Lauttafel,   mit t
weittragend (aber: weit ragend), Festtag, weißt du, mit dir, glaubst du, Rotdorn, mitdenken, Mutprobe, Mastschwein, entschwinden, Stiftzahn, Liftboy, Zeitzünder, Landzunge, totlachen, Obstbaum, Erdbeere, Wertpapier, Marktplatz, Wundfieber, Bundschuh, Sodbrennen, niedlich, Städtchen, Mädchen, Waldsaum, Herbstzeitlose / gibt Trost (aber: gib Trost), Blatt trocknet, focht tapfer, schnitt Trauben, recht tun, Ort trügt, Glut trocknet, verschämt trinken, schwört Treue, taucht tief, die Faust trifft, spart Taler, fast turmhoch / mit Tür und Tor, mit Dornen und Disteln, mit Tod und Teufel, ritt drüber, oft dumm, litt Durst, plattdrücken, Lied tönt, hat Dienst, recht dünken, nicht deutlich, mild denken, Nacht deckt, fest drückt, klingt dumpf, Rand doppelt, Leid tragen, Jagd treffen, entdecken, Bettdecke, seitdem, Gutdünken

Laubbaum, abbauen, abblenden, Raubbau, abplatten, abdecken,   mit p
taubstumm, absenden, abnehmen, Lobspruch, Staubsauger, Abwaschwasser, abwenden, staubwischen, Kreppapier, Pappkarton, Schleppdampfer, Schlepptau, Abt, halbtags, Reblaus, Lappland, Sappho, lobt, webt / Stab bricht, grob behandeln, Laib Brot, gelb bemalen, taub bleiben, trieb Blüten, in den Staub beugen, schrieb Briefe, derb prügeln, knapp behelfen, gab pünktlich, schrieb Pässe, halb pflügen, knapp bezahlt

stillegen, stillschweigen, Edelweiß, allwissend, malnehmen, Still-   mit l[1]
leben, Fallstrick, Ballnetz, Wollknäuel, Walnuß, Stuhllehne, Elfe, Halfter, helfen, Hilfe

einmachen, Löwenmaul, Anmaßung, anmustern, Beinmuskeln,   mit n
ein Meter, Bannmeile, Annahme, einnehmen, wenn nicht, dann noch, mein Name

1 l-Häufungen: siehe auch S. 47.

k + s¹ Quecksilber, Quacksalber, Rückseite, Speckseite, Rocksaum, Rücksitz, wegsehen, Rucksack

r + r verraten, verreisen, zerrinnen, Verruf, erraten, erringen, Motorrennen, Vorrecht, Ohrring, Vorrat, Fahrrad, vierreihig, Vorreiter, Mohrrübe, Widerruf, Hörrohr, Feuerreiter

Unterscheide abbacken, abpacken, abhacken / abbauen, abhauen / lobpreisen, abreisen, abreißen / abbringen, abringen / abackern, abbaggern / abbrennen, abtrennen, Wettrennen / anstehen, andrehen, ansehen / mitlachen, mitmachen / hab' ich, Habicht / lieb' ich, beliebig / glaub' ich, laubig / schneid' ich, schneidig / würd' ich, würdig / häng' ich, abhängig / Pappaket, Pappecke / mitteilen, miteilen / Mittag, Mitarbeiter / Nachttisch, Nachtisch / Strickklettern, Strickleiter / Denkkraft, Dehnkraft / straffrei, Strafrecht / Weinneige, Weinernte / Tallänge, Talenge / Kehrreim, Kehraus / Wasser, was soll das / Aussicht, aus sich

5. Lauthäufungen

Szene, transzendent, transzendental, tschechoslowakisch, Eifersuchtsszene, inszenieren, zwitschern, psychisch, obszön, Materialismus, Imperialismus, Menschengeschlecht, Schneewittchen, Schnarchgeräusch, Milchmischgetränk

schwedisch, tschechisch, österreichisch, sächsisch, berlinerisch, russisch, hessisch, thüringisch und schweizerisch

gräbst stehend, gabst Zettel aus, nimmst Zucker, trittst zornig auf, schaffst Steine herbei, bliebst standhaft, strafst streng, triebst Spott, fragst Zeugen, kletterst steil, schiedst zeitig, frevelst sträflich, er trifft's Ziel, ihr verschlaft's sicher, lachst schelmisch, erwiderst zankend, schwimmst stromaufwärts, du pfiffst's zitternd, schliefst sorglos, rechts stehen, triebst zurück, hebst Schätze, folgst zögernd, sorgst zärtlich, Hals schmücken, schoß sicher, jetzt fließt's sprudelnd, er spricht's zornig, du kämpfst zögernd, warst's zufrieden, du springst zurück, begannst's zweifelnd, gewannst's spielend, lärmst stark, Haß säen, Gesetz schaffen, Flachs spinnen, Platz zeigen, Blitz zuckt, du sprichst's zu schnell, du ächztest, jauchzest, schliefst still, klopfst stark, braucht's schließlich, herrschst streng

1 s-Verbindungen: siehe auch S. 52 f., 56 f., 59, 67.

wissenschaftliche Erkenntnis, französische Kunstausstellung, chinesische Prinzessin, tschechische Küche, chemisches Gemisch, psycho-physisch, chemo-technisches Institut, ein tüchtiger Chirurg, tschechisch-chinesische Freundschaft, deutsch-französischer Gemeinschaftsfilm, griechisch-orthodoxe Kirche, chinesische Teemischung

Ein französischer Regisseur inszenierte ein tschechisches Stück. Ein tschechischer Regisseur inszenierte ein französisches Schauspiel.

Zwischen zwei Zwetschgenzweigen saßen zwei zwitschernde Schwalben.

Fischers Fritz fischt frische Fische – frische Fische fischte Fischers Fritz.

Der Cottbusser Postkutscher putzt den Cottbusser Postkutschkasten – den Potsdamer Postkutschkasten putzt der Potsdamer Postkutscher.

Ein Schnippchen schlagen. Ein russisch sprechender Tscheche. Österreichisch-tschechische Grenze. Tschechisches Streichholzschächtelchen. Psychophysischer Parallelismus

6. Vokale

Vokaleinsätze

1. Gehauchter Einsatz (Schließeinsatz)

H

Zeichen für den gehauchten Vokaleinsatz: In der gesprochenen Sprache existiert das h nicht als selbständiger Laut und ist daher ohne nachfolgenden Vokal nicht sprechbar; der Vokaleinsatz mit h geschieht ohne Reibegeräusch, mit kurzem Hauch bei minimalem Luftverbrauch; nahtloser (nicht knarrender oder heiserer!) Übergang zur vollen Stimmhaftigkeit des Vokales; Gaumensegel wie nachfolgender Vokal

hoffen, hold, Hospiz, Hostie / Hummel, Hund, Huld / Hand, halten, Hanna, Hang, Hansa, Hammel, Hans / hell, Henne, Hänfling, Hände, Held / hinten, Hindu, hissen, Hilde, Himmel, Hilfe / Hölle / Hülse, hüpfen, Hündin, hübsch   Anlautend, kurzer Vokal

langer Vokal	Honig, Hose, Hobel / Hupe, Husten, Hut / Hahn, haben, Hase, Haken / heben, Hebel / Hieb, Hiob / Höfe / Hüne, Hüte / häkeln, Häkchen / heute, Heu, heulen / Haus, Haube, Haufe, hausen / Heimat, Hai, Heine, heilen, Heim, Hein
Inlautend[1]	Uhu, oho! aha! Ahorn, Mahomet, Mohammed, Kohorte, Yokohama, Oklahoma, Hoheit
»stummes h«	Lehen, wehen, sehen, flehen, gehen, stehen, Ehe, Rehe, Zehe, frühe, mähen
Häufung	Handtuchhalter, haushalten, Hühnerhof, Hinterhaus, Hühnerhund, Hofhunde, himmelhochjauchzend, Hochhaus, haushoch, herzhaft

Herz und Hand / Himmel und Hölle / Hoffen und harren / Hahn und Henne / Den Brotkorb höher hängen / Von allen Hunden gehetzt / Das Heft in den Händen halten / Wer kein Gehirn hat, habe Beine / Hungriges Huhn träumt von Hirse / Je höher die Glocke hängt, je heller klingt sie / Der Horcher an der Wand hört seine eigne Schand'

2. Sprengeinsatz

Zur Erarbeitung des *Hygienischen Sprengeinsatzes* empfiehlt es sich, wie folgt vorzugehen:

a) Erarbeitung des »Ventiltönchens«,
b) Erarbeitung des stimmhaften Einsatzes,
c) Ableitungsübungen.

zu a)[2] Gähneinstellung; Lippen und Zunge bilden den entsprechenden Vokal; leichte Stauung der Luft unter den verschlossenen Stimmlippen; Sprengung des Stimmlippenverschlusses bei angehaltenem Atem zu einem leichten Abknall, ohne nachfolgendes Reibegeräusch oder störenden Knarrlaut (der richtige Abknall klingt genau, als wenn ein Regentropfen in eine Dachtraufe fällt – nach FERNAU-HORN).

zu b) In völlig gleicher Weise wie a), nur die vorherige stimmlose Sprengung jetzt mit Stimme! Man fängt den so gebildeten Vokal am besten durch einen Verschlußlaut ab,

[1] Nur vor volltönenden Vokalen zu sprechen.
[2] Die Erarbeitung dieses Einsatzes sollte nur unter Kontrolle eines mit der Übung vertrauten Lehrers geschehen!

op, up, ap ...,

wodurch das Prinzip des Atemwurfes angewendet wird.

Die Übung mit dem Ventiltönchen (auf allen Vokalen) ist zugleich therapeutisch von Wichtigkeit bei mangelndem Stimmlippenverschluß infolge zu schwacher Stimmlippenkompression.

zu c) Der Vokaleinsatz kann auch durch entsprechende Ableitungsübungen erarbeitet werden: so durch

Konsonantenableitungen (siehe folgende Wortzusammenstellung)

oder durch

Vokalableitungen, entweder aus dem gehauchten Einsatz (siehe H-Ableitung) oder durch Ableitung aus dem »gemurmelten [ə]«[1], dessen entspannte Artikulationsweise auf den Vokaleinsatz übertragen werden soll:

ə ——— o, ə ——— u, ə ——— a und so weiter

hoffen – offen, Hund – und, Haß – As, Hände – Ende, Hirte – irrte, hängen – Engel, Hölle – östlich, hüpfen – üppig, heiß – Eis, heulen – Eulen, Haus – aus, Hohn – ohne, Hut – Ute, Hase – Aas, heben – eben, hier – ihr, Hähne – ähneln, Höfe – Öfen, hüben – üben, heilen – eilen, heute – Euter   H-Ableitung

Post – Ost, Boden – Odem, Bohne – ohne, Ball – All, Paß – As, Paar – Aar, Bund – und, Pfuhl – Uhl, Spur – Uhr, Pelle – Elle, wehe – Ehe, binnen – innen, Biene – ihn, Pinsel – Insel, Bär – Ähre, Bänder – ändern, Bäcker – Äcker, böse – Öse, plötzlich – östlich, Löffel – öffentlich, Kübel – übel, Püppchen – üppig, Trübung – Übung, beißen – Eisen, Geifer – Eifer, Pein – ein, Beule – Eule, Beute – Euter, bäuerlich – euer, Pause – aus, Bauten – Auto   Konsonantenableitung

Ost, Ulm, Ast, es, ist, Eis, euch, auf / offen, unten, Affe, essen, Ibsen, öffnen, üppig, Eule, Eile, Aula / Obst, Uhr, Aal, eh', ihn, Öl / Ofen, Uwe, Ave, Efeu, Iwan, Übel, äsen / Ordnung, Urteil, Arbeit, Erkennen, Irrtum, örtlich, euer, Eier, Aurora / Ochse, Unke, Achtung, Ecke, Irre, östlich, euch, Eiche, auch / Ohr, Uhr, Aar, er, ihr, Öhr, Ührchen, Ähre / Omen, Uhu, Aachen, Ekel, Öse   Mit Ventiltönchen

[1] Das »gemurmelte [ə]« entspricht der Aussprache des e in der Endung -en, z. B. in dem Wort laben.

Einsatz im Wortinnern	beanstanden, beaufsichtigen, verärgern, Meineid, verargen, fünfundachtzig, Handelsabkommen, Toreinfahrt, Goetheausgabe, Sonnenaufgang, beachten, Sonnenuntergang, verankern, enteignen, entehren
Mit Vokaleinsatz	verändern, erinnern, Vorahnung, Meerotter, Verein, Vereinigung, erübrigen, eröffnen, einander
Ohne Vokaleinsatz	herab, heran, herauf, heraus, herein, herüber, herum, herunter
Einsatzhäufungen	Auerochse, achtundeinhalb, Urenkel, Uhrenarmband, Osteuropa, Eisenerz, altindisch, Ackerarbeit, Entenanger, Autoausfahrt, ortsansässig, Ärmelausschnitt, Außenaufnahmen, Oberaufsicht, Analphabet, allabendlich, allerart, allerorten, Abendessen, entäußern, erinnern, Einakter, erachten, erörtern, ereignen, Oase, Essigessenz, Oberingenieur, Extraausgabe, Augäpfel, Ernteeinsatz, Eselsohr, eintausendeinhunderteinundachtzig, Erzengel

Vokalableitungen

Man kann schwierige Vokalbildungen von weniger schwierigen ableiten. Der am meisten gefährdete Vokal ist im allgemeinen der Vokal [a]. Hier erweist sich die Ableitung aus dem [o] als günstig. Man beginne mit der O-Einstellung und gehe von da gleitend in die A-Form über. Das [a] soll dabei möglichst die Vorderlage des [o] (durch die entsprechende Lippenrundung) übernehmen:

$$\bar{o} \to \bar{a} \to \bar{o} \to \bar{a} \to \bar{o} \to \bar{a}$$

In ähnlicher Weise kann, von [ü] oder [ö] oder auch von [i] oder [e] ausgehend, mit jedem Vokal verfahren werden.

O[1]

1. Kurz offen: Lippen gerundet und deutlich vorgestülpt; mittlerer Kieferwinkel; Zungenspitzenkontakt mit Unterzahnreihe; Zungenrücken nach oben hinten leicht gewölbt; Gaumensegel gehoben, ohne völligen Verschluß herzustellen.
2. Lang geschlossen: Lippen gerundet und stark (aber ohne Krampf) vorgestülpt; Zungenspitzenkontakt; Hinterzunge gewölbt; Gaumensegel gehoben, ohne völligen Verschluß herzustellen (zu beachten ist,

---

[1] Bei der Beschreibung der Artikulation der Vokale werden nur zwei Vokalformen berücksichtigt: der kurze offene und der lange geschlossene Vokal. Weitere Formen siehe im »Wörterbuch der deutschen Aussprache«.

daß das lange [o] nicht von der offenen in die geschlossene Form übergezogen wird; diese Doppellautigkeit des langen [o] entsteht, wenn die Lippen nur träge die Vorstülpung andeuten, ohne sie konsequent durchzuführen!).

offen, Osten, ob, Obhut, obgleich, Opfer, Onkel, Otter, Ort, Obdach, Objekt, Ochse, Ocker, Orchidee, ordnen, Organ, Orgel, Orkan, Ornament, Ornat, Optik, Orchester, Organist, Orgie, Obmann, Ordnung, ordnen
Ofen, oben, ohne, Ohm, Ode, Obst, Odem, Oheim, Omen, Ozean, Oberst, Ostern, Oder, Oper, Ohr, Ober, Opium, Orient, Oriflamme, Odium, Obulus, Obrigkeit Anlautend

kommen, Bombe, von, Bison, Schamotte, Bottich, Don, Post, Sonne, Trommel, Schrott, Wort, Sport, gesotten, betroffen, Mord, Sorte, dort
Mode, Lohn, Moos, schonen, Schoß, Los, Bohne, Anemone, Sohn, Mond, Not, Pfote, Tod, Lob, Mole, Dom, Donau, Dohle, Bote, Dose, Note, Botschaft, Zitrone, verschonen, belohnen, Brot, Honig, Moor, Gehorsam, Mohrrübe, Chlor, vorkommen, Vorsicht, vornehmen, vorbehalten, Tor, Pore, Lore, empor, Terror, Dorle, Marmor, geschoren, verloren, Territorium Inlautend

so, froh, Kino, Trio, Solo, Echo, Oslo, Bodo, hallo, Radio, Floh, Rio, Stroh, Tango, Kongo, Kimono, Motto, Zoo Auslautend

Sommersonne, Morgenrot, Odeon, Todesopfer, schonungslos, brotlos, Holzbottich, sorgenlos, Domino, Korridor, Rohkohle, Morgensonne, Postbote, Vorkommen, Organisation, Oktober, obschon, Ottomotor, Honigmond, rosenrot, Rhinozeros, Rhododendron, doppeltkohlensaures Natron Häufung

Bilder ohne Worte / Borgen macht Sorgen / Unter Dornen wachsen Rosen / Keine Rose ohne Dornen / Wie gewonnen, so zerronnen / Morgenstunde hat Gold im Munde / Not kennt kein Gebot / Was man nicht aufgibt, hat man nie verloren (SCHILLER)

Was du heute kannst besorgen,
Das verschiebe nicht auf morgen.

Aus dem hohlen finstern Tor
Dringt ein buntes Gewimmel hervor.
(GOETHE)

Ö

Umlaut: Lippenstellung des [o] und Zungenstellung des [e].
1. Kurz offen: Lippen gerundet und deutlich vorgestülpt; mittlerer Kieferwinkel; Zungenspitzenkontakt; Zungenrücken mit Tendenz nach vorn gewölbt; Gaumensegel gehoben, ohne völligen Verschluß herzustellen.
2. Lang geschlossen: Lippen gerundet und stark (ohne Krampf) vorgestülpt; geringer Kieferwinkel; Zungenspitzenkontakt; Zungenrücken vor allem im Bereich der Vorderzunge aufgewölbt; Gaumensegel gehoben, ohne völligen Verschluß (auch hier kann durch Lippenträgheit Diphthongierung von offenem zu geschlossenem [ö] geschehen!).

Anlautend öffnen, östlich, öffentlich, örtlich, öfter

Öse, Öde, Öl, Ölung, Ödland, Öfen, Ödipus, Öhr, Österreich, Öre, Ökonom

Inlautend Zölle, Hölle, Tölpel, Töpfer, Töchter, Löcher, tölpisch, völlig, Köln, fördern, Köcher, wöchentlich, Mörder, Körbe, Götze, können, Röllchen, Stöcke, Röcke

Böhmen, Söhne, Löhne, lösen, Töne, schön, gewöhnen, höhnisch, töten, Löwe, Löß, König, frönen, möglich, verhöhnen, Möhre, hören, Börde, Höhe, Getöse, Föhre, Gekröse, Börse, Erlös, trösten, Rhön, Römer

Auslautend Pengö, Malmö, Nexö

ö-e Öse – Esel, Öde – edel, Ehre – Öre, Äffchen – öffnen, Heere – hören, Söhne – Sehne, Lehne – Löhne, lesen – lösen, Hölle – Helle, Zelle – Zölle, dehnen – tönen, Rede – Röte, böse – Besen, Höfe – Hefe, höchst – hegst, völlig – fällig, Kerbe – Körbe, Böller – bellen

Häufung Ölgötze, böhmische Dörfer, Förderkörbe

Böses Gewerbe bringt bösen Lohn (SCHILLER) / Wo Frösche sind, sind auch Störche / Böses muß mit Bösem enden (SCHILLER) / Ein böser Geselle führt den andern zur Hölle / Höfliche Worte vermögen viel und kosten doch wenig / Ach, wenn Götter uns betören, können Menschen widerstehn? (GOETHE)

Das eben ist der Fluch der bösen Tat,
Daß sie, fortzeugend, immer Böses muß gebären.
(SCHILLER)

Warum bin ich vergänglich, o Zeus, fragte die Schönheit.
Machte ich doch, so sagte der Gott, nur das Vergängliche schön.

Erröten macht die Häßlichen so schön,
Und sollte Schöne nicht noch schöner machen?
(LESSING)

U

1. Kurz offen: Runde Öffnung der vorgeschürzten Lippen; kleiner Kieferwinkel; Zungenspitzenkontakt; geringe Zungenrückenwölbung; unvollkommener Gaumensegelverschluß.
2. Lang geschlossen: Runde geringe Lippenöffnung; Lippen stark (ohne Krampf) vorgestülpt; geringer Kieferwinkel; Zungenspitzenkontakt; Hinterzungenrücken stark nach hinten oben gewölbt; Gaumensegel gehoben, ohne völligen Verschluß.

Ulme, unten, uns, Undine, Unze, Ulster, Unke, Uckermark, unter, Ulrich, Ungarn, Urne, Ulk, Unsinn, Umsicht, Unstrut, umsonst, unser, Urteil, Ungeduld   *Anlautend*

Uwe, Ute, Udo, Usedom, Uhland, Ufer, Usus, Uhr, Urlaub, Urkunde, Urwald

Schutt, Fluß, Mund, Schluß, Bund, Schuß, Stunde, Kuß, Hund, muß, Lust, Mutter, Butter, Grund, Zucker, Futter, Wurf, schnurren, Turf, Rucksack, Stuck   *Inlautend*

Fuß, Muhme, Blume, Mut, Hut, Huhn, Tun, Schule, Buße, Husten, Bude, pusten, Luna, Muse, Mus, nun, Wut, Bluse, Gut, Stufe, Pfuhl, Gruß, Zug, Schnur, Fuhre, Kufe, Schur, rufen, Ruhr, Muße

du, Schuh, zu, Zulu, Emu, Ruh, Gnu, Kuh   *Auslautend*

Hutschnur, Unseburg, Trugschluß, Zuckerhut, Blumengruß, Blutspur, Zufuhr, Bluthund, Geburtsurkunde, Tunichtgut, Genußsucht, Hungertuch, Blutbuche, unter uns, Rundfunk, Kurpfuscher, Buchdruckerkunst   *Häufung*

Morgenstunde hat Gold im Munde / In Ulm und um Ulm und um Ulm herum / Umgang mit Leuten macht klug / Fort mußt du, deine Uhr ist abgelaufen (SCHILLER)

Wunderlichstes Buch der Bücher
Ist das Buch der Liebe.
(GOETHE)

Wer nicht buhlt um des Glückes Gunst,
Dem fällt selbst es zu Füßen.
(EURIPIDES)

Der erste Trunk macht gesund,
Der zweite fröhlichen Mund,
Der dritte den Menschen zum Hund.

Ü

Umlaut: Lippenstellung des [u] und Zungenstellung des [i].
1. Kurz offen: Runde Öffnung der vorgeschürzten Lippen; kleiner Kieferwinkel; Zungenspitzenkontakt; Zungenrücken nach vorn oben aufgewölbt; unvollkommener Gaumensegelverschluß.[1]
2. Lang geschlossen: Runde geringe Lippenöffnung; Lippen stark vorgewölbt; geringer Kieferwinkel; Zungenspitzenkontakt; Zungenkörper richtet sich steil gegen das Gaumendach auf und läßt nur eine verhältnismäßig schmale Mittelpassage frei: Gaumensegel gehoben, bei unvollständigem Verschluß.

Anlautend üppig, Ülzen

Übung, üben, über, Übel, übrigens, üblich, übrig, Überzug, Übersee, überzeugen

Inlautend Büschel, hübsch, müssen, entzücken, Sünde, Bündel, Wünsche, München, Bürde, Bürste, Würste, Tünche, Kürze, Brücke, Würze, lynchen, rücken, Mücke, drücken, Hürde, Würde, Büffel, Perükke, Tücke, Rüssel

[1] Die Zungenlage des [i] und [ü] entspricht annähernd der des [ćh] und [j] und auch etwa der des [s]. Darum eignen sich diese Vokale besonders zu Ableitungszwecken bei fehlerhafter Bildung der gen. Konsonanten. Aber auch [k] und [g] können durch [i] und [ü] beeinflußt werden, denn die Vorderzungenaufwölbung dieser Vokale vermag eine Verlagerung der Konsonanten zu korrigieren.

Das eben ist der Fluch der bösen Tat,
Daß sie, fortzeugend, immer Böses muß gebären.
(SCHILLER)

Warum bin ich vergänglich, o Zeus, fragte die Schönheit.
Machte ich doch, so sagte der Gott, nur das Vergängliche schön.

Erröten macht die Häßlichen so schön,
Und sollte Schöne nicht noch schöner machen?
(LESSING)

U

1. Kurz offen: Runde Öffnung der vorgeschürzten Lippen; kleiner Kieferwinkel; Zungenspitzenkontakt; geringe Zungenrückenwölbung; unvollkommener Gaumensegelverschluß.
2. Lang geschlossen: Runde geringe Lippenöffnung; Lippen stark (ohne Krampf) vorgestülpt; geringer Kieferwinkel; Zungenspitzenkontakt; Hinterzungenrücken stark nach hinten oben gewölbt; Gaumensegel gehoben, ohne völligen Verschluß.

Ulme, unten, uns, Undine, Unze, Ulster, Unke, Uckermark, unter, Ulrich, Ungarn, Urne, Ulk, Unsinn, Umsicht, Unstrut, umsonst, unser, Urteil, Ungeduld Anlautend

Uwe, Ute, Udo, Usedom, Uhland, Ufer, Usus, Uhr, Urlaub, Urkunde, Urwald

Schutt, Fluß, Mund, Schluß, Bund, Schuß, Stunde, Kuß, Hund, muß, Lust, Mutter, Butter, Grund, Zucker, Futter, Wurf, schnurren, Turf, Rucksack, Stuck Inlautend

Fuß, Muhme, Blume, Mut, Hut, Huhn, Tun, Schule, Buße, Husten, Bude, pusten, Luna, Muse, Mus, nun, Wut, Bluse, Gut, Stufe, Pfuhl, Gruß, Zug, Schnur, Fuhre, Kufe, Schur, rufen, Ruhr, Muße

du, Schuh, zu, Zulu, Emu, Ruh, Gnu, Kuh Auslautend

Hutschnur, Unseburg, Trugschluß, Zuckerhut, Blumengruß, Blutspur, Zufuhr, Bluthund, Geburtsurkunde, Tunichtgut, Genußsucht, Hungertuch, Blutbuche, unter uns, Rundfunk, Kurpfuscher, Buchdruckerkunst Häufung

Morgenstunde hat Gold im Munde / In Ulm und um Ulm und um Ulm herum / Umgang mit Leuten macht klug / Fort mußt du, deine Uhr ist abgelaufen (SCHILLER)

Wunderlichstes Buch der Bücher
Ist das Buch der Liebe.
(GOETHE)

Wer nicht buhlt um des Glückes Gunst,
Dem fällt selbst es zu Füßen.
(EURIPIDES)

Der erste Trunk macht gesund,
Der zweite fröhlichen Mund,
Der dritte den Menschen zum Hund.

Ü

Umlaut: Lippenstellung des [u] und Zungenstellung des [i].
1. Kurz offen: Runde Öffnung der vorgeschürzten Lippen; kleiner Kieferwinkel; Zungenspitzenkontakt; Zungenrücken nach vorn oben aufgewölbt; unvollkommener Gaumensegelverschluß.[1]
2. Lang geschlossen: Runde geringe Lippenöffnung; Lippen stark vorgewölbt; geringer Kieferwinkel; Zungenspitzenkontakt; Zungenkörper richtet sich steil gegen das Gaumendach auf und läßt nur eine verhältnismäßig schmale Mittelpassage frei: Gaumensegel gehoben, bei unvollständigem Verschluß.

Anlautend üppig, Ülzen

Übung, üben, über, Übel, übrigens, üblich, übrig, Überzug, Übersee, überzeugen

Inlautend Büschel, hübsch, müssen, entzücken, Sünde, Bündel, Wünsche, München, Bürde, Bürste, Würste, Tünche, Kürze, Brücke, Würze, lynchen, rücken, Mücke, drücken, Hürde, Würde, Büffel, Perükke, Tücke, Rüssel

[1] Die Zungenlage des [i] und [ü] entspricht annähernd der des [ćh] und [j] und auch etwa der des [s]. Darum eignen sich diese Vokale besonders zu Ableitungszwecken bei fehlerhafter Bildung der gen. Konsonanten. Aber auch [k] und [g] können durch [i] und [ü] beeinflußt werden, denn die Vorderzungenaufwölbung dieser Vokale vermag eine Verlagerung der Konsonanten zu korrigieren.

Zügel, Bügel, Bühne, Wüste, kühn, Mühe, Düse, Mühle, Flügel,
Hügel, führen, Gebühr, natürlich, Willkür, Küken, Tür, Kühle,
Güte, rühren

Biene – Bühne, Ziege – Züge, Rüge – Riege, Tüll – Dill, diese –   i—ü
Düse, Kien – kühn, Tür – Tier, für – vier, Risse – Rüssel, Miete –
müde, lügen – liegen, Süden – sieden, pflügen – fliegen, Friede –
früh, Rüde – Ried, Biest – Büste, kühl – Kiel

Immergrün, bildhübsch, Wüstenwind, Überzieher, überirdisch,
Lynchjustiz, Bürstenbinder, Windmühle, Bilderstürmer, Willkür,
Bündnis, Silberhütte, Büttenpapier, Blindenführer, Südwind,
Kirschblüte, Schildbürger, Türriegel

Im trüben fischen / Nur Beherrschung führt zum Ziel (SCHILLER) /   Häufung
Üble Botschaft kommt immer zu früh / In der Kürze liegt die
Würze / Vernünftige Gründe können viel (SCHILLER) / In Hülle
und Fülle / Hier sollten Rosen stehen ... und in üppigen Büscheln
müßten sie über die Gartenmauer hängen (JAKOBSEN) / Nicht
darauf kommt es an, daß wir glücklich werden, sondern daß wir
glücklich machen (URBACH)

Brüder haben *ein* Geblüte,
Selten aber *ein* Gemüte.
(LOGAU)

Jedem redlichen Bemühen
Sei Beharrlichkeit verliehen.
(GOETHE)

Wer im Frieden wünschet sich Krieg zurück,
Der ist geschieden vom Hoffnungsglück.
(GOETHE)

A

*1. Kurz offen: Mundöffnung etwas über Daumenbreite (Daumen
hochkant gestellt); Lippen bleiben sehr gelöst, wobei die Oberlippe
eine kaum sichtbare O-Rundung andeutet (Mundvorhof) – (die
Fläche zwischen Nase und Oberlippe darf nicht »gekräuselt« werden,
wie zum Beispiel bei näselnder Stimmgebung!); Zungenspitzenkontakt (!!); Zungenrücken flach, bis auf sehr geringe Hügelbildung
im mittleren Bereich: das Gaumensegel ist gehoben, sperrt indessen*

den Nasenraum nicht vollkommen ab (weshalb das [a], wie alle Vokale, zwar nasalen Beiklang hat, keineswegs aber genäselt werden darf — gleiches gilt in erhöhtem Maße für langes geschlossenes [ā]!).
2. Lang geschlossen: Mundöffnung etwa in Daumenbreite; Lippen wie bei kurzer offener A-Bildung; Zungenspitzenkontakt; Zungenrücken fast völlig flach (Löffelstellung); Gaumensegel gehoben, ohne völligen Verschluß.
Bei genäselter A-Bildung übe man [a] in Verbindung mit p, b, k, g (siehe bei den betreffenden Konsonanten).

Anlautend Amsel, Apfel, am, an, Affe, allein, alt, Antenne, Ansicht, Ananas, Aster, Absicht, As, Atlas, Amphitryon, Anemone, Ast, Anmut, ab, Advent, Abt, Affekt, Abbau, Akademie, Akazie, Album, Alpen, Ampel, Amt, Asche, Ablösung, abnehmen, absenden, abwischen, ansehen, annehmen, anstellen, anbinden, Amerika, Anfertigung, Anklage, Angst, Achtung, Axt, Acheron, Akt, Achill, Achse, acht, Akkord, Akku, Aktion, Akzent, Alge, ach

Abend, Aal, Aas, ahnen, Aale, atmen, Afrika, aber, Art, Aar, Aachen, Amor

Inlautend Ball, Schall, Wall, Fall, naschen, Tasche, fallen, Lasche, Haff, Saft, Masche, Waffe, waschen, Haft, Naß, Kaffee, Faß, Bambus, Bann, Baß, Knall, Wacht, hart, Sache, Fach, Drachen, Dach, Krach, Nacht, lachen, Schach, Walfisch, Walnuß, Warze, Nachen, Lache

Mal, Maß, Maat, Staat, Bad, Saat, Glas, Hase, Vase, Nase, Bahn, Fahne, Lahn, Name, Dame, lahm, Schaf, Sahne, Hafen, Lama, Schale, Base, Zahn, Rad, Straße, brav, Papst, Braten, fahren, Signal, Bart, Nashorn, Reklame, Harz, Quarz, Ungemach, Wal, Spaß

Auslautend da, Amerika, Afrika, sah, Panama, Eva, Liga, Riga, Edda, Lama, Riesa, Diva, Luna, Kanada, Europa

Häufung Rachenwandkatarrh, Schlagsahne, anbahnen, abschlagen, Tragbahre, Fahnenstange, Staatsanwaltschaft, Glaswarenhandel, Bahnanlage, Namenstag, Maßgabe, Ratschlag, Straßenname, Fahrstraße, Eisenbahnwagen, Signalanlage, Straßenbahnwagen, analog, Katalog, Salatpflanze, Almanach, Abfahrtstag, Abgesandter, Abglanz, Abhang, Abnahme, Absage, Akrobat, Alarm, allabendlich, allemal, allerart, Radioapparat, allerhand, anstandshalber, Analphabet, Panamakanal, Karawanenstraße

Der Apfel fällt nicht weit vom Stamm / Die Axt im Hause erspart den Zimmermann (SCHILLER) / Absicht ist die Seele der Tat / Den Ast absägen, auf dem man sitzt / Der Appetit kommt beim Essen (RABELAIS) / Ich habe eine gute Tat getan! (WERFEL) / Alternde Astern atmen schwach im Beet (RILKE) / Aller Anfang ist schwer / Aber — ein ungeschlachter Schlagbaum vor dem Tore der Erwartung (BECHSTEIN) / Es hat der Gram sein Alter, wie die Jahre (GRILLPARZER) / Abwechselung stärkt den Appetit / Keine Antwort ist auch eine Antwort / Der Affe bleibt ein Affe, und trüg' er einen goldenen Ring

Ein guter Abend kommt heran,
Wenn ich den ganzen Tag getan.
(GOETHE)

Das war alles damals! — Damals schien die Sonne in der rechten Weise; damals machte der Regen auf die rechte Art naß ...
(RAABE)

Bienen und Schafe
Ernähren den Mann im Schlafe.

Immer bleibt der Aff' ein Affe,
Werd' er König oder Pfaffe.

Müßiggang ist aller Laster Anfang.

E

1. Kurz offen[1]: Mittlere Mundöffnung; leicht vorgerundete Form der Oberlippe (Mundvorhof); Zungenspitzenkontakt; Zungenrücken wölbt sich hoch gegen den Gaumen; Gaumensegel gehoben, ohne völligen Verschluß.
2. Lang geschlossen: Geringe Mundöffnung; fast lächelnde Einstellung der Lippen (kein Breitzug; auch darf die Fläche zwischen Nase und Oberlippe nicht »gekräuselt« werden, wie bei näselnder Stimmgebung!); Zungenspitzenkontakt; Vorderzungenrücken hoch nach vorn gewölbt; Gaumensegel gehoben, ohne völligen Verschluß (zu beachten ist, daß das lange [e] nicht in ein [i] übergezogen wird, wodurch Diphthongierung zu [e^i] entsteht!).

[1] Entspricht zugleich dem kurzen offenen [ä], denn zwischen »Bettler« und »Bäcker« ist bei den Vokalen nur ein Unterschied in der Schreibweise! Darum wird auch in den Übungen das kurze [ä] zum kurzen offenen [e] gerechnet.

Anlautend Esche, Ende, Edda, Elbe, Ente, Ebbe, Ernte, Äpfel, äffen, echt, ängstlich, ändern, Egge, Enkel, Äcker, Ecke, extra, Engel, Ätzung, Ärger, England, Enge, Erle, Essen, Erfolg, entsagen, Elfe, Elster

Efeu, edel, Eva, Ebenholz, Emu, ewig, Ehe, Esel, Erde, Ethik, Eros, Ekel, Eber, Elend, Edelweiß, erst, Erz

Inlautend Welt, Feld, schnell, hell, Kälte, bellen, Welle, Ställe, Felle, Päckchen, stellen, Sterne, Zwerge, Ferne, Berg, Kern, Bern, Herr, gern, hängen, Wäsche, Särge, lächerlich, fällen, verdächtig

Seele, Fehde, Wesen, Besen, lesen, Beet, sehen, leben, weben, beben, Degen, Sehne, Hefe, Rebe, Lehne, kehren, drehen, fegen, Meer, Feder, Teer, Ferien, leer, Serie, schwer, Heer, Beere, scheren, beschweren, versehren, entbehren

Auslautend See, Tee, Fee, Schnee, Weh, Lee, Klee, Reh, geh! steh! Spree, Zeh

Als Vorsilbe erlassen, erwarten, erwähnen, ernennen, erleben, erlösen, erwerben

versehen, verlassen, versenden, vermerken, verlieren, verbergen, verirren, veranlassen

heraus, herunter, herum, herein, herbei, heran

zerlassen, zerreißen, zerdehnen, zerstreuen, zerteilen, zergehen

gesagt, getan, gedacht, geholt, gelingen, Gedanken, gearbeitet

bedenken, beachten, beenden, beweisen, beleidigen, beeiden

Als Endung Bauer, teuer, Müller, Mutter, Bäcker, Trauer, Maurer, Mauer, Kenner, sauer

Wagen, legen, enden, binden, neben, treten, führen, wenden

Hänge, Ende, Enge, Bange, Gefüge, Blüte, Hunde, Antenne, Stute, Henne

Eifel, Gockel, Pinsel, Kümmel, Schimmel, Zobel, Fibel, Rubel

landende, gelandete / vergötternde, vergötterte / mordende, gemordete / bewundernde, bewunderte / lindernde Mittel, gelinderte Schmerzen / der antwortende Freund, der beantwortete Brief /

die leitenden Lehrer, die geleiteten Schüler / dichtende, gedichtete / spendende, gespendeten / sichtende, gesichteten / fordernde, geforderte / tröstende, getröstete / schildernde, geschilderte / verfinsternde, verfinsterter / fürchtende, gefürchtete / alternde, gealterte / bettelnde, erbetteltes / vergoldende, vergoldete

Ebene, Eberesche, erleben, Meereswellen, Schneebesen, erlegen, Seelenleben, vergehen, Beerenlesen, Geschehen, Federlesen, Bänkelsänger, Fencheltee   Häufung

Weg und Steg / Neue Besen kehren gut / Der Hehler ist schlimmer als der Stehler / Ehre, wem Ehre gebührt / Geben ist seliger denn nehmen / Lieber ein Ende mit Schrecken, als ein Schrecken ohne Ende (v. SCHILL) / Fünf Ämter, sechs Mängel / Wer der Erste, der der Beste!

Ä

Umlaut: Lippenstellung und Kieferwinkel wie [a]; Zungenstellung fast wie [e].

Lang geschlossen: Mittlere Mundöffnung, leicht vorgerundete Form der Oberlippe (Mundvorhof); Zungenspitzenkontakt; Vorder- und Mittelzungenrücken gewölbt; Gaumensegel gehoben, ohne völligen Verschluß.

Äther, Ähre, ähnlich, Ära, äsen, Äolsharfe   Anlautend

Käse, Säge, Bär, Räder, Fähre, Hähne, klären, Kähne, Mähre, Späne, Schwäre, Zähne, Zähre, Sägespäne, ernähren, gähnen   Inlautend

Ehre – Ähre, Meere – Mähre, Beeren – Bären, Schwer – Schwäre, zehn – Zähne, zehren – Zähren, leben – lähmen, wegen – wägen, Seele – Säle   e–ä

ebenmäßig, wesensmäßig, demgemäß, Sägemehl, Räderwerk, Bärenfänger, Leberkäse

Man hält seine eignen Gänse für Schwäne / Der Käse verrät die Milch (Lappländisches Sprichwort) / Mäßiges Glück währt am längsten   Häufung

Wer im Frühjahr nicht sät,
Wird im Spätjahr nicht ernten.

Umlaut- Kein Wässerchen trüben können (PHÄDRUS) / Die Blüte deutet auf
häufungen die schöne Frucht (SCHILLER) / Ein goldener Schlüssel öffnet viele
Türen / Ängstlich zu sinnen und zu denken, was man hätte tun
können, ist das Übelste, was man tun kann (LICHTENBERG) / Seid
fröhlich, denn die Fröhlichkeit schmückt Feste (SHAKESPEARE) /
Schwere Ähren und volle Köpfe neigen sich

I

1. Kurz offen: Mittlere Mundöffnung (etwa in der Breite der Kuppe des kleinen Fingers); lächelnde Einstellung der Lippen mit leichtem Vorhof durch die Oberlippe; Zungenspitzenkontakt; Vorderzungenrücken stark nach vorn oben gewölbt; Zungenränder berühren seitlich den harten Gaumen; Zungenrücken bildet sagittale Rinne; Gaumensegel gehoben, ohne festen Verschluß.
2. Lang geschlossen: Sehr geringe Mundöffnung; fast lächelnde Einstellung der Lippen (ohne Breitzug; Fläche zwischen Oberlippe und Nase darf nicht »gekräuselt« werden, wie bei näselnder Stimmgebung!); Zungenspitzenkontakt; Vorderzungenrücken sehr hochgewölbt; Zungenrücken bildet sagittale Rinne[1]; Gaumensegel gehoben, ohne völligen Abschluß.

Anlautend Inn, Imme, Ilse, Indien, Ibsen, Insel, Immensee, illegal, illustrieren, Imbiß, immun, Iltis, Ilmenau, im, Indus, imposant, Impuls, Inhalt, Intendant, Inlett, immer, Iller, Inka, Imker, Import, Index, Indianer, Infektion, Inge

ihm, ihn, ihnen, Isegrim, Isis, Isar, ihre, Iris, Igel, Ibis

Inlautend Witz, Blitz, Bild, Wild, Sinn, Kitz, schlimm, Beginn, winden, Himmel, hinten, Schimmel, Binse, Hindu, finden, winseln, Linse, winken, wringen, Viertel, vierzehn, vierzig, Distel

Schiene, Biene, Niete, Wiese, Bison, Riesa, Wien, Friede, Sieb, Diva, Riese, Krieg, Liebe, Triebe, schieben, Linie, Tier, vier, Bier, Siebzig, vierteilen, Nische

Auslautend Vieh, sieh! die, wie, nie, Partie, Ironie, Verdi, Ski, Agonie

Häufung Inmitten, inliegend, Indikativ, Instinkt, Intrige, irritieren, Ironie, Investition, irisch, irisieren, isolieren, Italien, Isegrim, Mietzins, Inbegriff, Bittschrift, imitieren, Infinitiv

[1] Vgl. Fußnote S. 78.

Hieb- und stichfest / Frische Fische, gute Fische / Friede ernährt, Unfriede verzehrt / Man muß sich für nichts zu gering halten (LICHTENBERG) / Gesegnet, die auf Erden Frieden stiften (SHAKESPEARE) / Den Friedlichen gewährt man gern den Frieden (SCHILLER) / Hoher Sinn liegt oft im kind'schen Spiel (SCHILLER)

Wie viele Menschen gehen auf Erden, die nichts von sich wissen und denen es erst die anderen sagen müssen, was sie sind. (RAABE)

Wenn wir die Menschen nehmen, wie sie sind, so machen wir sie schlechter. Wenn wir sie behandeln, als wären sie, was sie sein sollten, so bringen wir sie dahin, wohin sie zu bringen sind. (GOETHE)

Klingt im Wind ein Wiegenlied,
Sonne warm hernieder sieht.
(STORM)

Am ersten April
Schickt man die Narren, wohin man will.

Aufschub
Ist ein Tagedieb.

Vokalvergleiche

Sonde, senden, Gesinde, gesund / Wonne, Winde, Wunde, Wende / Tinte, Tonne, Tenne, Tunnel / Tun, Tee, Ton, Tief / Sieg, Sog, See, Suhl / Boot, Beet, Bude, Biest / Beben, Buhle, Biber, Bote

Mahl, Mühle, Miete, Möhre / köstlich, Kiste, Küste, Kasten / Wünsche, wischen, Wölfe, Waffen / Rind, Rand, Röckchen, Rükken / Stab, Stübchen, stieben, stöbern

Tee, du, da, Tier, Tür, Tor / müde, Made, Mieder, Mode / Sitte, Sünde, satt / Bode, Bude, baden / Robe, Rabe / loben, laben / köstlich, Kästen / Schütze, schießen / Kissen, küssen / Vase, Wiese / Floß, fließen, Flöße / Kloß, Klöße, Klops, Klöpse / knistern, Knaster, Kniff, Knöpfe

biege, bog, gebogen / fließe, floß, geflossen / ziehe, zog, gezogen / schließe, schloß, geschlossen / stiebe, stob, gestoben / lüge, log, gelogen / betrüge, betrog, betrogen / sauge, sog, gesogen / fahre, fuhr, gefahren / grabe, grub, gegraben / schaffe, schuf, geschaffen / wachse, wuchs, gewachsen / schlagen, schlug, geschlagen / trage, trug, getragen / blase, blies, geblasen / halten, hielt, gehalten /

essen, aß, gegessen / lasse, ließ, gelassen / heiße, hieß, geheißen / laufe, lief, gelaufen / stoße, stieß, gestoßen / binde, band, gebunden / finde, fand, gefunden / springe, sprang, gesprungen / singe, sang, gesungen / ringe, rang, gerungen / schwinge, schwang, geschwungen / klinge, klang, geklungen / winde, wand, gewunden / verschwinde, verschwand, verschwunden / trinke, trank, getrunken / beginne, begann, begonnen / ersinne, ersann, ersonnen / spinne, spann, gesponnen / gewinne, gewann, gewonnen / rinne, rann, geronnen / schwimme, schwamm, geschwommen / befehle, befahl, befohlen / breche, brach, gebrochen / spreche, sprach, gesprochen / treffe, traf, getroffen / steche, stach, gestochen / gelte, galt, gegolten / flechte, flocht, geflochten / quelle, quoll, gequollen / beiße, biß, gebissen / greife, griff, gegriffen / leide, litt, gelitten / reite, ritt, geritten

EU

Diphthong: Gleitbewegung von kurzem offenem [o] zu sehr geschlossenem [ö].

Anlautend Eule, Euter, Euphrat, Euphonie, Äuglein, Eumenide, euer, euch, Euripides, Eukalyptus, Eulenspiegel, Euphemismus, äußerlich, Eugen, Europa, äußern

Inlautend Scheune, Mäuse, Läuse, täuschen, schäumen, Beute, Fäulnis, Seuche, Beutel, scheuchen, säumen, Leumund, Feudalismus, Bäume, Häufchen, Schleuse, Scheusal, Beule, Fäuste, Häuser, Bräune, verleumden, neutral, säubern, Räuber, Bräuche, Steuer, Gemäuer, Geläute, beugen, Fräulein

Auslautend neu, scheu, Heu, Spreu, Gebräu, treu, Leu

Häufung Feuerwehrschläuche, Leuchtfeuer, Räubermeute, Eukalyptusbäume, Häusersteuer

Träume sind Schäume / Teuer ist mir der Freund
(GOETHE)

Ach, es sind die besten Leute,
Wenn man sie nicht grade stört
Bei dem Kampf um ihre Beute,
Welche ihnen nicht gehört.
(BRECHT)

EI

Diphthong: Gleitbewegung von kurzem [a] zu sehr geschlossenem [e] (ohne Lippenbreitzug!).

Eibe, Eichel, Eis, Eisen, eilen, Eiland, Eifer, Eifel, Ei, einzeln, einsehen, einsenden, Einsatz, eignen, Eiter, Eimer, Eigentum — Anlautend

fein, leise, weinen, scheinen, sein, weiß, weise, feist, beißen, scheiden, leiten, steif, dein, mein, sein, feig, verneinen, klein, steigen, reißen, Meißen, Meise, Leine, Weise, Neiße, Pleiße, Meißel, Leid, Weite, Weib, Leib, Zeichen, Leiche, Beichte, Zeisig, Scheibe, Reise, Reiter, Teig, Leistung, Leipzig — Inlautend

sei, entzwei, dabei, Schalmei, Hai, Kai, frei, drei, zwei, Wüstenei, Schrei — Auslautend

Eierspeise, Preissteigerung, Speiseeis, Reichweite, Weidmannsheil, Reisspeise, Leistungssteigerung, Heiserkeit, teilweise, Leibeigenschaft, Zeitvertreib, leihweise, Leichtigkeit, heischen, Leihbücherei, Kreidezeit, Leidenschaftlichkeit, Eisenfeile, Meineid, Steinzeit, steinreich, einheizen, Feinheit, Schneidermeisterei — Häufung

Weit und breit / Schein und Sein / Mein und dein / Scheiden und meiden / Eile mit Weile / Fleiß bringt Preis / Ohne Fleiß kein Preis / Einmal ist keinmal / Man soll das Eisen schmieden, solange es heiß ist / Wer sich der Einsamkeit ergibt, ach! der ist bald allein (GOETHE) / Seines Fleißes darf sich jedermann rühmen (LESSING)

AU

Diphthong:
Gleitbewegung von kurzem [a] zu sehr geschlossenem [o].

Aula, Aue, außen, Auto, Automat, aus, autonom, Auge, auch, Auktion, August, Auster, Autogramm, autark, Autor, Aufsicht, aufpassen, aufsehen, aufstehen, Ausmaß, Aussage, Aussicht — Anlautend

Baum, Schaum, sausen, Haufen, laufen, Taufe, Schaufel, bauen, Laube, Laus, Maus, Haus, Zaun, Saum, Traum, Strauß, Lauge, kaum, brausen, kaufen, fauchen, tauchen, brauchen, braun, tauschen, Strauch, Rauch, Rausch, Bauch, Gaul, Gauner, Gaukelei, Maul — Inlautend

Auslautend Bau, Pfau, schlau, blau, grau, Schau, Tau, Sau, Verhau

Häufung Auflauf, Hausfrau, Außenbau, Aufbau, Aufkauf, Laubbaum, Austausch, Staubsauger, Kaufhaus, mausgrau, blaugrau, taubenblau, aufbauschen, ausbauen, maulfaul

Von Haus zu Haus / In Saus und Braus / Trau, schau, wem / Aus den Augen, aus dem Sinn / Mit einem blauen Auge davongekommen / Man muß dem Augenblick auch was vertrauen (SCHILLER) / Der Sonne im August ist nicht zu trauen

Graublau sah ich den Fauchrauchschwalm in die Luft geschrieben.
Bauchig schwillt der Schmauchqualm
aus meinen Fabrikbetrieben.
(MAJAKOWSKI)

Was du hast in deinem Haus,
Das plaudre nicht vor andern aus.

Diphthongvergleiche Feier – Feuer, Bräute – Breite, Leib – Laub, fein – Faun, reiten – Raute, Schau – Scheu, Bauer – Bayer, Scheine – Scheune, lauter – Leiter, Leute – leiten, Heu – Hai, Bau – Bai

schlau – Schleie – Schläue, Reis – 'raus – Reuse, Läuse – leise – Laus, Meise – Mäuse – mausen, Leid – Laut – läuten, feist – Faust – Fäuste, heiß – Haus – Häuser

Eichbäume, Kaiserslautern, Eichenlaub, Leichenschmaus, Pausenzeichen, Maul- und Klauenseuche, Häuserbau, Taubheit, Ausbreitung, aufbäumen, aufeinander, Aufgeblasenheit, aufräumen, Ausgleich, Augenzeuge, Aufkäufer, Ausbeutung, Außenseiter, Aufmerksamkeit, aufheitern, Tausendundeine Nacht, Schleiereule

Freud muß Leid, Leid muß Freude haben.
(GOETHE)

Zwischen Freud und Leid
Ist die Brücke nicht breit.

Ein Käuzchen schreit im dunklen Hain.

Teuer ist mir der Freund,
Doch auch den Feind kann ich nützen.
Zeigt mir der Freund, was ich kann,
Lehrt mich der Feind, was ich soll.
(GOETHE)

Mir will das kranke Zeug nicht munden,
Autoren sollten erst gesunden.
(GOETHE)

Ja und nein scheidet die Leute.

7. Befehle – Ausrufe – Ausbrüche

Lautgriff, Stauung und Explosion des Konsonanten sollen für die Stimmkraft des Vokales genutzt werden:

Dame / Dank / blau / Bau / Biest / Kind / bissig / Krieg / Sieg / Kälte / Tat / Donner / Kosten / Kot / Gier / Gunst / Günstling / Gift / gib / Wille / Zimt / Bitte / Kitt / Groll / Kram / prallen / prellen / betrunken / Dummheit / Kralle / Brut / Pause / Panne / Feigling / sprich / schweig

Bleiben Sie stehen! – Halt!
Platz da! Platz gemacht!
Achtung! Achtung! Aufgepaßt!
Kommen Sie mit! – Passen Sie auf! – Sprechen Sie kein Wort mehr!
Schweigen Sie! – Bewegen Sie sich nicht von der Stelle!
Was wollen Sie?! – Lassen Sie mich in Ruhe!!
Was denken Sie sich eigentlich?
Wie stellen Sie sich das vor?
Gehen Sie! Gehen Sie mir aus dem Weg!

Bleib, Babett! Bleib da! – Bitte bleib!
Geh! Geh weg!

Komm mit! – Paß auf!
Ich habe es satt! Laß das! – Schweig!!
Ich will nichts *hören*! –
Ich *will* das nicht hören! – 'raus!!
Mach, daß du 'raus kommst!!! Laß mich los! Loslassen!

Fluch sei der Hoffnung! Fluch dem Glauben,
Und Fluch vor allem der Geduld!
(Goethe)

So sei verflucht der Krieg! Verflucht das Werk der Waffen!
(Li Tai-Pe)

Nieder!
      Zum Sturm!
            Vorwärts!
                  Drauf los!
(Majakowski)

Die Stimme:
Der Krieg ist ausgebrochen, der vorgesehen war. Die Armee bricht auf nach der nördlichen Grenze. Die Königin befiehlt ihren Soldaten, mit den Elefanten und Kanonen in die Eisenbahnzüge zu gehen, und den Eisenbahnzügen, nach der nördlichen Grenze zu gehen. Deshalb befiehlt euer General, daß ihr in den Eisenbahnzügen sitzen sollt, bevor der Mond hochgeht.

Galy Gay:
Zur Auktion! Hiermit versteigere ich Billy Humph, Champion von Bengalen. Er wurde geboren, so wie Sie ihn hier sehen, im südlichen Pandschab. An seiner Wiege standen sieben Radschas. Seine Mutter war weiß. Er ist fünfundsechzig Jahre alt. Das ist kein Alter. Dreizehn Zentner sind sein Gewicht, und ein Wald zum Abholzen ist für ihn wie ein Gras im Wind. Billy Humph stellt, so wie er ist, für jeden Besitzer ein kleines Vermögen dar.
(Brecht, aus »Mann ist Mann«)

VIII. Über das tägliche Üben des Schauspielers

Da das Formniveau des Sprechens vor allem abhängig ist vom Willen des Menschen — bei entsprechender Nachlässigkeit also jederzeit absinken kann —, muß der Berufssprecher durch ein tägliches Üben immer wieder seine Formstufe überprüfen und auf ihre Höhe führen. Der Schauspieler erwarte von seiner sprecherzieherischen Ausbildung nicht, daß sie den Sprechablauf für das gesamte Leben gleichsam einrädere. Jede Erfahrung lehrt, daß es in bezug auf die technischen Fertigkeiten leider kein »Einrädern« für alle Zeiten gibt.

Vielmehr kann nur durch immer wiederholtes Üben der sprecherisch-sprachliche Stand gehalten werden, wodurch allerdings der Schauspieler eine Sicherheit gewinnt, die dann auf der Bühne sein Sprechen mühelos werden läßt, ohne daß er allzuviel Konzentration auf die Sprechwerkzeuge lenken muß.

Bei der Durchführung der Übung kommt es nicht auf mechanische Geläufigkeit an, mit der der Sprecher — quasi ohne zu denken — nur das vorgenommene Quantum an Übungen herunterleiert. Vielmehr soll jede Übung unter dem Aspekt ihrer besonderen Anwendung, ihrer spezifischen Aufgabe durchgeführt werden.

Zwei Aufgaben sollen mit dem täglichen Üben erfüllt werden:
Es soll den Sprecher zu Ruhe und Sammlung führen; der Übende soll sich »einsprechen« und damit konzentriert und »eingestimmt« für die kommende Probe oder Vorstellung sein.

Die Übungszeit sollte täglich etwa 30 Minuten betragen. Während dieser Zeit wird folgender Ablauf[1] empfohlen:

1. *Entspannungsübungen:* Schultergürtel und Arme lockern, im Liegen und Stehen autogenes Training, Kopf kreisen lassen und ähnliches.

---

[1] Das angegebene Muster entspricht zugleich dem Aufbau dieses Buches. Die hier vorgeschlagenen Übungen sind Ausschnitte der viel umfangreicheren einzelnen Kapitel und stellen lediglich das Erforderlichste für tägliches Üben dar.

2. *Atmungsübungen:* Ruhiges Ein- und Ausatmen unter der autosuggestiven Vorstellung des damit verbundenen Wohlseins; mit der Einatmung zieht zugleich ein Gefühl der Ruhe und Harmonie ein; Ausatmung auf verschiedenen stimmlosen und stimmhaften Reibelauten, wie [f, w, ss, s] und ähnlichem.

3. *Lockerungsübungen:* Kieferschütteln und Lippenübungen, letztere auf *einem* Atembogen oder mit einmaliger Unterbrechung durch eine Atempause; zu beachten ist, daß die Vokale in die Nähe des vorderen Artikulationsbereiches gebracht werden.

4. *Kauübungen.*

5. *Stoßübungen:* Zungenspitzenkontakt mit den unteren Schneidezähnen; jede Silbe werde möglichst unter der Vorstellung der Gerichtetheit auf einen fixierten Punkt im Raume hervorgebracht. Übungen 4 und 5 werden zugleich auf die dazu angegebenen Wortbeispiele angewandt.

6. *Wort- und Satzübungen:* An den Wort- und Satzbeispielen findet das technische Können seine Anwendung, wobei der Übende je nach Ermessen täglich andere Lautverbindungen erproben kann. Die Wortübungen können sowohl als Geläufigkeitsschulung — bei Änderung der Atemkapazität — genutzt als auch mit variierender Lautstärke gesprochen werden. Immer aber ist von Wichtigkeit, daß der Sinn jedes Begriffes sprechend erfaßt werde!
Die beste tägliche Übung bei Dialekt oder stark von der Hochlautung abweichender Umgangssprache oder für Sprecher, die sich zum Beispiel im Sprachraum des Sächsischen oder Thüringischen befinden, ist lautes, form- und sinnbeachtendes Lesen gepflegter Prosa (etwa von THOMAS MANN). Auch hier ist der Hörerbezug zu berücksichtigen, um das Absinken in eine äußere Mechanistik und Schönsprecherei zu vermeiden.

7. *Arbeit an der Rolle:* Wenn der Schauspieler im Anschluß an seine Übungen sein Rollenstudium vornimmt, so wird er die erarbeitete Formstufe sofort umsetzen können, ohne seine Aufmerksamkeit von der inhaltlichen Seite weg auf die nur technische richten zu müssen.

IX. Textbeispiele

Der Mond ist aufgegangen,   Lösung,
die goldnen Sternlein prangen   Spannung;
am Himmel hell und klar;   Atmung
der Wald steht schwarz und schweiget,
und aus den Wiesen steiget
der weiße Nebel wunderbar.
(CLAUDIUS, aus »Abendlied«)

Wandrers Nachtlied

Über allen Gipfeln
Ist Ruh;
In allen Wipfeln
Spürest du
Kaum einen Hauch;
Die Vögelein schweigen im Walde.
Warte nur, balde
Ruhest du auch.
(GOETHE)

Im Atemholen sind zweierlei Gnaden:
Die Luft einziehen, sich ihrer entladen;
Jenes bedrängt, dieses erfrischt;
So wunderbar ist das Leben gemischt.
Du danke Gott, wenn er dich preßt,
Und dank ihm, wenn er dich wieder entläßt.
(GOETHE, aus »Westöstlicher Diwan«)

Er kehrte, unter einem fremden Namen, in ein Wirtshaus ein, wo er, sobald die Nacht angebrochen war, in seinem Mantel, und mit einem Paar Pistolen versehen, die er in der Tronkenburg erbeutet hatte, zu Luthern ins Zimmer trat. Luther, der unter Schriften und Büchern an seinem Pulte saß, und den fremden, besonderen Mann die Tür öffnen und hinter sich verriegeln sah, fragte ihn: wer er sei? und was er wolle? und der Mann, der seinen Hut ehrerbietig in der Hand hielt, hatte nicht sobald, mit dem schüchternen Vorgefühl des Schreckens, den er verursachen würde, erwidert: daß er Michael Kohlhaas, der Roßhändler, sei; als Luther schon: »weiche fern hinweg!« ausrief, und, indem er, vom Pult erstehend, nach einer Klingel eilte, hinzusetzte: »dein Odem ist Pest und deine Nähe Verderben!« Kohlhaas, indem er, ohne sich vom Platz zu regen, sein Pistol zog, sagte: »Hochwürdiger Herr, dies Pistol, wenn Ihr die Klingel rührt, streckt mich leblos zu Euren Füßen nieder! Setzt Euch und hört mich an; unter den Engeln, deren Psalmen Ihr aufschreibt, seid Ihr nicht sicherer, als bei mir.« Luther, indem er sich niedersetzte, fragte: »was willst du?« Kohlhaas erwiderte: »Eure Meinung von mir, daß ich ein ungerechter Mann sei, widerlegen! Ihr habt mir in Eurem Plakat gesagt, daß meine Obrigkeit von meiner Sache nichts weiß: wohlan, verschafft mir freies Geleit, so gehe ich nach Dresden, und lege sie ihr vor.« — »Heilloser und entsetzlicher Mann!« rief Luther, durch diese Worte verwirrt zugleich und beruhigt: »wer gab dir das Recht, den Junker von Tronka, in Verfolg eigenmächtiger Rechtsschlüsse, zu überfallen, und, da du ihn auf seiner Burg nicht fandst, mit Feuer und Schwert die ganze Gemeinschaft heimzusuchen, die ihn beschirmt?« Kohlhaas erwiderte: »hochwürdiger Herr, niemand, fortan! Eine Nachricht, die ich aus Dresden erhielt, hat mich getäuscht, mich verführt! Der Krieg, den ich mit der Gemeinheit der Menschen führe, ist eine Missetat, sobald ich aus ihr nicht, wie Ihr mir die Versicherung gegeben habt, verstoßen war!« — »Verstoßen!« rief Luther, indem er ihn ansah. »Welch eine Raserei der Gedanken ergriff dich? Wer hätte dich aus der Gemeinschaft des Staats, in welchem du lebtest, verstoßen? Ja, wo ist, solange Staaten bestehen, ein Fall, daß jemand, wer es auch sei, daraus verstoßen worden wäre?« — »Verstoßen«, antwortete Kohlhaas, indem er die Hand zusammendrückte, »nenne ich den, dem der Schutz der Gesetze versagt ist! Denn dieses Schutzes, zum Gedeihen meines friedlichen Gewerbes, bedarf ich; ja er ist es, dessenhalb ich mich, mit dem Kreis dessen, was ich erworben, in diese Gemeinschaft flüchte; und wer mir ihn versagt, der stößt mich zu den Wilden der Einöde hinaus; er gibt mir, wie wollt Ihr das leugnen, die Keule, die mich selbst schützt, in die Hand.« — »Wer hat dir den Schutz der Gesetze versagt?« rief Luther. »Schrieb ich dir nicht, daß die Klage, die du eingereicht, dem Landesherrn, dem du sie eingereicht, fremd ist? Wenn Staatsdiener hinter seinem Rücken Prozesse unterschlagen, oder sonst seines geheiligten Namens in seiner Unwissenheit spotten; wer anders als Gott darf ihn wegen der Wahl

solcher Diener zur Rechenschaft ziehen, und bist du gottverdammter und entsetzlicher Mensch, befugt, ihn deshalb zu richten?« »Wohlan«, versetzte Kohlhaas, »wenn mich der Landesherr nicht verstößt, so kehre ich auch wieder in die Gemeinschaft, die er beschirmt, zurück. Verschafft mir, ich wiederhol' es, freies Geleit nach Dresden: so lasse ich den Haufen, den ich im Schloß zu Lützen versammelt, auseinander gehen, und bringe die Klage, mit der ich abgewiesen worden bin, noch einmal bei dem Tribunal des Landes vor.«
(KLEIST, aus »Michael Kohlhaas«)

Japanische Gedichte

Wenn du singen könntest, Schmetterling, hätten sie dich längst in einen Käfig getan.	Lösung; Resonanz

Der Traum meines Lebens verdämmert.
Aber die wilden Lilien
blühen und leuchten wie immer.

Der Kirschbaum, den im Herbst der Blitz zerriß –
jetzt ist er über und über
von Blüten verschleiert.

Was für ein Märchenbild,
die Weide im Frühlingsmorgen!
Auf den seidenen Fäden ihrer Zweige
hat sie den rinnenden Tau
zu Perlenketten gereiht.

O schimmernder Mond!
Ich ging auf dich zu und ging und ging
und kam dir doch nicht näher.

Hörst du mich, träumender Schmetterling?
Erwache doch
und sei mein Bruder!

Wundervolle Sommernacht!
Der Mond fliegt
von einer Wolke zur andern.

Bleib sitzen, kleiner Frosch!
Hab keine Angst!
Ich bin es doch, Issa!

Auf der Wölbung der Tempelglocke
ganz zart
ein Schmetterling.

Ein Windhauch zieht durch den Abend.
Die weißen Rosen beginnen
leise zu beben.

Dort beugt sich ein Mann
beglückt über eine Blume.
Was will er denn aber mit dem großen Schwert?

Nun ruhst du auf der Blüte,
winziger blauer Schmetterling.
Aber deine Flügel zittern noch immer.

Vollmond.
Ein Duft von Licht
schwebt über dem Wasser.

Wie wundersam die Welt im Mondlicht dämmert!
Kommt doch heraus und seht's euch an!
Zum Schlafen ist am Tage Zeit genug.

Warum stürmen die Wildgänse
so sausend dahin auf ihrem Rückflug?
Ach, wissen sie denn nicht,
daß die Berge der Heimat
sie längst vergessen haben?

Viele Gedichte klingen wahr.
Aber die tiefste Wahrheit lebt in denen,
die einfach sind wie Kinderworte.
(Übertragen von HAUSMANN)

Im Frühling

Felder sind wie neugeboren,
Und du gehst auf blanken Wegen,
Fährt der Wind dir um die Ohren,
Ist noch feucht vom Frühlingsregen.

Und du gehst und singst im Gehen,
Tropfen sprühn dir um die Nase,
Laß den Wind nur fröhlich wehen,
Immer vorwärts führt die Straße.

Und die fetten Saaten grünen,
Pfützen blinken auf den Wegen,
Und du gehst dem jungen kühnen
Frühling unverzagt entgegen.

Gehst als Sieger auf den Straßen,
Gehst als Herr auf eignen Wegen,
Siehst, wie sich das Leben ründet.
Laß die Frühlingswinde blasen!
Auch die Winde, auch der Regen,
Bruder, sind mit dir verbündet.
(DEICKE)

Konsonanten der vorderen Artikulationsgebiete

Der Zweckdiener

Herr K. stellte die folgenden Fragen:
»Jeden Morgen macht mein Nachbar Musik auf einem Grammophonkasten. Warum macht er Musik? Ich höre, weil er turnt. Warum turnt er? Weil er Kraft benötigt, höre ich. Wozu benötigt er Kraft? Weil er seine Feinde in der Stadt besiegen muß, sagt er. Warum muß er Feinde besiegen? Weil er essen will, höre ich.«
Nachdem Herr K. dies gehört hatte, daß sein Nachbar Musik machte, um zu turnen, turnte, um kräftig zu sein, kräftig sein wollte, um seine Feinde zu erschlagen, seine Feinde erschlug, um zu essen, stellte er seine Frage: »Warum ißt er?«
(BRECHT, aus »Geschichten vom Herrn Keuner«)

Sokrates, der Sohn der Hebamme, der in seinen Zwiegesprächen so gut und leicht und unter so kräftigen Scherzen seine Freunde wohlgestalter Gedanken entbinden konnte und sie so mit eigenen Kindern versorgte, anstatt wie andere Lehrer ihnen Bastarde aufzuhängen, galt nicht nur als der klügste aller Grie-

S-, Sch- und R-Verbindungen

chen, sondern auch als einer der tapfersten. Der Ruf der Tapferkeit scheint uns ganz gerechtfertigt, wenn wir beim Platon lesen, wie frisch und unverdrossen er den Schierlingsbecher leerte, den ihm die Obrigkeit für die seinen Mitbürgern geleisteten Dienste am Ende reichen ließ. Einige seiner Bewunderer aber haben es für nötig gehalten, auch noch von seiner Tapferkeit im Felde zu reden. Tatsächlich kämpfte er in der Schlacht bei Delion mit, und zwar bei den leichtbewaffneten Fußtruppen, da er weder seinem Ansehen nach, er war Schuster, noch seinem Einkommen nach, er war Philosoph, zu den vornehmeren und teueren Waffengattungen eingezogen wurde.
(BRECHT, aus »Der verwundete Sokrates«)

Angina pectoris

Wenn die Hälfte meines Herzens hier ist, Doktor,
die andere Hälfte ist in China
mit der Armee, die hinabzieht, dem Gelben Fluß zu,
und an jedem Morgen, Doktor,
an jedem Morgen, wenn es dämmert,
wird mein Herz in Griechenland erschossen.

Und wenn die Gefangenen einschlafen,
die letzten Schritte im Krankenbau verstummen,
geht mein Herz fort, Doktor,
geht es fort, einem kleinen Holzhaus zu in Istanbul.
Auch habe ich seit zehn Jahren, Doktor,
nichts in den Händen gehabt,
was ich meinen Leuten hätte geben können,
nichts als einen Apfel,
einen roten Apfel — mein Herz.

Ich schaue die Nacht durch die Gitter,
und trotz all dieser Wände,
schwer lastend mir auf der Brust,
schlägt mein Herz mit dem fernsten Gestirn.
All diese Dinge, Doktor,
und nicht etwa Arteriosklerose
oder Nikotin oder das Zuchthaus
sind die Ursachen meiner Angina pectoris.
(HIKMET)

Der Elefant und der Affe Jupiters

Einst stritt der Elefant mit dem Rhinozeros,
wem größere Macht gebührt und größrer Rang im Reiche.
Das ging so weit, daß man zum Zweikampf sich entschloß.
Bestimmt war Zeit und Ort – da hieß es, draußen schleiche
der Affe Jupiters herum. Er hab'
geschultert einen Heroldsstab.
Wer die Historie kennt, weiß, daß er Gimpel hieß.
Der Elefant sich drauf verließ,
daß Jupiter ihn abgesandt
zu ihm, zum Kaiser Elefant.
Geschmeichelt fühlt er sich, der Simpel,
und wartet auf den Affen Gimpel.
Doch seltsam ist's, der läßt sich Zeit
und bringt die Botschaft nicht, auf die er sich gefreut.
Dann eines Tags vergnügt, doch nur wie nebenbei,
tritt er vor seine Exzellenz,
macht lässig ihm die Reverenz.
Der Riese sitzt gespannt, was mit der Botschaft sei.
Doch nicht ein Wort davon! Wie sehr er spekuliert,
die Götter hielten seinen Streit
für eine große Neuigkeit,
die höchst bedeutungsvoll – so sah er sich düpiert.
Der Herr des Himmels ist nicht interessiert an Kriegen
von Elefanten oder Fliegen.
Da Gimpel nicht gewillt, das Wort dazu zu nehmen,
so mußte Simpel selbst zu reden sich bequemen:
»Mein Vetter Jupiter wird bald von seinem Throne
ein Schauspiel sehn, von dem ich glaub', daß es sich lohne.
Ein großer Krieg steht vor der Tür!« –
»Ein Krieg?« – schrie Gimpel laut mit ganz erschrocknem
[Munde.
»Wie« – rief der Elefant – »Ihr habt noch keine Kunde?
Den Vorrang macht man streitig mir!
Das Reich Elefanteria
hat gestern Rhinoceria
den Krieg erklärt, Ihr kennt den Ruhm der beiden Staaten?« –
»Nein, nie gehört! Auch nichts von ihren Heldentaten!«
beteuert Meister Gimpel schlicht.
»Von solchen Dingen spricht man nicht
in unsrem himmlischen Gefilde!«
Der Elefant, gekränkt, fragt weiter höchst erstaunt:

»Was führt Ihr aber hier auf unserer Welt im Schilde?«
Freund Gimpel lachte gutgelaunt:
»Ich teilte eine Laus, um hungrige Ameisen
mit gleichem Maß gerecht zu speisen!
Für alle sorgen wir! — Doch über Euer Reich
wie über Krieg und Rang im Staat
entschied noch nicht der Götter Rat.
Ich weiß nur: Groß und klein sind sonst vor ihnen gleich.«
(La Fontaine)

Hyperion an Bellarmin

Vokale So kam ich unter die Deutschen. Ich forderte nicht viel und war gefaßt, noch weniger zu finden. Demütig kam ich, wie der heimatlose blinde Ödipus zum Tore von Athen, wo ihn der Götterhain empfing, und schöne Seelen ihm begegneten. — Wie anders ging es mir!
Barbaren von alters her, durch Fleiß und Wissenschaft und selbst durch Religion barbarischer geworden, tiefunfähig jedes göttlichen Gefühls, verdorben bis ins Mark zum Glück der heiligen Grazien, in jedem Grad der Übertreibung und der Ärmlichkeit beleidigend für jede gutgeartete Seele, dumpf und harmonienlos, wie die Scherben eines weggeworfenen Gefäßes — das, mein Bellarmin! waren meine Tröster.
Es ist ein hartes Wort, und dennoch sag ichs, weil es Wahrheit ist: ich kann kein Volk mir denken, das zerrißner wäre, wie die Deutschen. Handwerker siehst du, aber keine Menschen, Denker, aber keine Menschen, Priester, aber keine Menschen, Herrn und Knechte, Jungen und gesetzte Leute, aber keine Menschen — ist das nicht wie ein Schlachtfeld, wo Hände und Arme und alle Glieder zerstückelt untereinander liegen, indessen das vergoßne Lebensblut im Sande zerrinnt?
Ein jeder treibt das Seine, wirst du sagen, und ich sag es auch. Nur muß er es mit ganzer Seele treiben, muß nicht jede Kraft in sich ersticken, wenn sie nicht gerade sich zu seinem Titel paßt, muß nicht mit dieser kargen Angst, buchstäblich heuchlerisch, das, was er heißt, nur sein, mit Ernst, mit Liebe muß er das sein, was er ist, so lebt ein Geist in seinem Tun, und ist er in ein Fach gedrückt, wo gar der Geist nicht leben darf, so stoß ers mit Verachtung weg und lerne pflügen!
(Hölderlin, aus »Hyperion oder der Eremit in Griechenland«)

Widerwärt'ge, kleine Jammermenschen
Über meiner Heimat Boden schweben,
Suchen ängstlich sich 'nen stillen Winkel,
Um sich zu verkriechen vor dem Leben.

Möchten all' ein billig Glück erringen,
Sattheit, Ruhe, angenehme Stellen;
Ächzen hört man sie und lamentieren –
Feiges Volk, verlogene Gesellen!

Modephrasen führen sie im Munde,
Winzige, gestohlene Gedanken –
Jammermenschen, die am Rand des Lebens
Zaghaft, schattengleich, vorüberschwanken ...
(GORKI, aus »Sommergäste«)

Vom Leben

Das Leben ist kein Scherz,
so nimm es ernst ...
Erwarte nichts von außen und von oben.
Wohin's auch sei, sehn' dich nicht fort vom Leben.
Nur eines sollst du:
Leb!
Denn leben ist kein Scherz,
so nimmt es ernst,
ernst in dem Maße,
daß vor der Wand, wo man erschießt, zum Beispiel,
in Ketten Hand und Fuß –
oder am Tisch, der zu Versuchen dient,
in weißem Mantel und mit großer Brille,
du sterben würdest, damit Menschen leben,
die du niemals gesehn,
du sterben würdest ohne Zweifel: Nichts
ist herrlicher und echter als das Leben
auf dieser Welt.
Nimm's also ernst,
ernst in dem Maße,
daß du noch als uralter Greis, zum Beispiel,
Olivenbäume pflanzt,
nicht um den Kindern sie zu hinterlassen,

sondern weil du dem Tod nicht glauben wirst,
ihn dabei fürchtend und nicht wenig,
aber
das Leben auf der Waage überwiegt.
(HIKMET)

Mittags

So! sagt der Himmel zu der Wiese.
Jetzt legen wir uns auf den Bauch.
Du schreibst noch ein paar Grüße
und ich — ich unterzeichne auch.

Dann aber haben wir genug getan. —
Die Wiese schaut den Himmel an
und sagt: Unendlich lieb ich dich
und ohne dich — was wäre ich.

Der Himmel aber wirft sich weit
über das weiche Wiesenkleid:
Was wäre all mein blaues Mühn,
blieb's ungestillt von deinem Grün.
(MAURER)

Am 10. Mai

Eine wunderbare Heiterkeit hat meine ganze Seele eingenommen, gleich den süßen Frühlingsmorgen, die ich mit ganzem Herzen genieße. Ich bin so allein und freue mich so meines Lebens in dieser Gegend, die für solche Seelen geschaffen ist wie die meine. Ich bin so glücklich, mein Bester, so ganz in dem Gefühl von ruhigem Dasein versunken, daß meine Kunst darunter leidet. Ich könnte jetzt nicht zeichnen, nicht einen Strich, und bin niemals ein größerer Maler gewesen als in diesen Augenblicken. Wenn das liebe Tal um mich dampft und die hohe Sonne an der Oberfläche der undurchdringlichen Finsternis meines Waldes ruht und nur einzelne Strahlen sich in das innere Heiligtum stehlen und ich dann im hohen Grase am fallenden Bache liege und näher an der Erde tausend mannigfaltige Gräschen mir merkwürdig werden. Wenn ich das Wimmeln der kleinen Welt zwischen Halmen, die unzähligen, unergründlichen Gestalten all der Würmchen, der Mückchen näher an meinem Herzen fühle und fühle die Gegenwart des Allmächtigen, der uns all nach seinem Bilde schuf, das

Wehen des Alliebenden, der uns in ewiger Wonne schwebend trägt und erhält. Mein Freund, wenn's dann um meine Augen dämmert und die Welt um mich her und der Himmel ganz in meiner Seele ruhn wie die Gestalt einer Geliebten; dann sehn ich mich oft und denke: ach könntest du das wieder ausdrücken, könntest du dem Papier das einhauchen, was so voll, so warm in dir lebt, daß es würde der Spiegel deiner Seele, wie deine Seele ist der Spiegel des unendlichen Gottes. Mein Freund — aber ich gehe darüber zugrunde, ich erliege unter der Gewalt der Herrlichkeit dieser Erscheinungen.
(GOETHE, aus »Die Leiden des jungen Werther«)

Die Stadtmaus und die Feldmaus

Eine Stadtmaus lud zum Schmause
eine arme Feldmaus ein.
Wie sich's ziemt in gutem Hause,
gab es Ammern, fett und fein.

Auf dem Türkenteppich festlich
war das leckre Mahl serviert.
Denkt euch, wie vergnügt und köstlich
die zwei Freunde da diniert!

Ja, das war ein Schmaus, betörend,
nicht nur schmackhaft, auch genug!
Etwas aber wirkte störend,
als man grad im besten Zug.

Schrecklich! Als das Ohr man spitzte,
scharrte an der Türe wer!
Schnell davon die Stadtmaus flitzte
und die Feldmaus hinterher.

Als man schließlich nichts mehr hörte,
lugten sie zum Loch hinaus.
Sprach die Stadtmaus: »Kommt, Verehrte,
jetzt beenden wir den Schmaus!«

Sprach die Feldmaus: »Nein, mich reizen
nicht mehr Eure Schlemmerein.
Mir genügen Korn und Weizen!
Kommt zu mir, ich lad Euch ein!

Mir kann nichts die Mahlzeit stören,
friedlich speis ich, mit Genuß.
Wohl bekomm's! Ich kann entbehren,
was mit Angst ich essen muß.«
(LA FONTAINE)

Kleine Lehre für den politischen Hausgebrauch

Zwei Männer saßen einst beim Rum.
Sie tranken und sie tranken.
Da fiel der eine plötzlich um,
Der andre tat nur schwanken.

Der eine, nun horizontal,
Lag da als wie von Sinnen.
Der andere, noch vertikal,
Der wollte dem entrinnen.

Er faßte kühn einen Entschluß,
Der tapfere Vertikale,
Und kam gleichfalls – er hob den Fuß –
In die Horizontale.

Woraus man leicht ersehen kann:
Wer schwankt, ist auch nicht besser dran!
(RÄHMER)

Steigerung Ungleich verteilt sind des Lebens Güter
Unter der Menschen flücht'gem Geschlecht;
Aber die Natur, sie ist ewig gerecht.
Uns verlieh sie das Mark und die Fülle,
Die sich immer erneuend erschafft,
Jenen ward der gewaltige Wille
Und die unzerbrechliche Kraft.
Mit der furchtbaren Stärke gerüstet,
Führen sie aus, was dem Herzen gelüstet,
Füllen die Erde mit mächtigem Schall;
Aber hinter den großen Höhen
Folgt auch der tiefe, der donnernde Fall.
Darum lob' ich mir niedrig zu stehen,

Mich verbergend in meiner Schwäche.
Jene gewaltigen Wetterbäche,
Aus des Hagels unendlichen Schloßen,
Aus den Wolkenbrüchen zusammengeflossen,
Kommen finster gerauscht und geschossen,
Reißen die Brücken und reißen die Dämme
Donnernd mit fort im Wogengeschwemme,
Nichts ist, das die Gewaltigen hemme.
Doch nur der Augenblick hat sie geboren,
Ihres Laufes furchtbare Spur
Geht verrinnend im Sande verloren,
Die Zerstörung verkündigt sie nur.
– Die fremden Eroberer kommen und gehen;
Wir gehorchen, aber wir bleiben stehen.
(SCHILLER, aus »Die Braut von Messina«)

Beherzigung

Feiger Gedanken
Bängliches Schwanken,
Weibisches Zagen,
Ängstliches Klagen
Wendet kein Elend,
Macht dich nicht frei.

Allen Gewalten
Zum Trutz sich erhalten,
Nimmer sich beugen,
Kräftig sich zeigen
Rufet die Arme
Der Götter herbei.
(GOETHE)

Das Lied vom Sturmvogel

Ob der grauen Meeresebne schart der Wind Gewölk zusammen.
Zwischen Wolken und Gewässern gleitet stolz der Sturmverkünder, einem schwarzen Blitz vergleichbar.
Bald die Flut mit Flügeln streifend, bald als Pfeil die Wolken treffend, schreit er hell; die Wolken hören – Lust im Schrei des kühnen Vogels.

In dem Schrei klingt Sturmessehnsucht! Kraft des Zornes, Glut der Leidenschaft und Siegeszuversicht, dies hörn in dem Schrei die Wolken.
Vor dem Sturm die Möwen stöhnen – stöhnen, treiben überm Meere, möchten ihre Angst vorm Sturme auf dem Meeresgrund verbergen.
Auch die Tauchervögel stöhnen – ihnen ist er unzugänglich, der Genuß des Lebenskampfes: sie erschrecken vor dem Donner.
Der Pinguin, der dumme, feige, birgt den feisten Leib im Felsspalt ... nur der stolze Sturmverkünder frei und stolz beherrscht die Höhe überm grauen Schaum des Meeres!
Immer finsterer und tiefer ziehn die Wolken überm Meer, und die Wogen singen, dringen hoch, dem Donner zu begegnen.
Donner kracht, wutschäumend, ächzend streiten mit dem Wind die Wellen. Er umfaßt sie rudelweise, drückt sie in die starken Arme, schleudert wuchtig sie in blindem Wüten an die Klippen, wo die hell smaragdnen Wogenberge laut zu Staub und Schaum zerschellen.
Schreiend schießt der Sturmverkünder, einem schwarzen Blitz gleich, pfeilschnell durch die Wolken, seine Flügel reißen Gischt vom Kamm der Wogen.
Seht, er rast dahin, ein Dämon – stolz, des Sturmes schwarzer Dämon – und sein Lachen tönt, sein Schluchzen ... er verlacht die finstern Wolken, und er weint und schluchzt vor Freude!
Längst vernimmt des Dämons waches Ohr im Donnergroll Erschöpfung. Das Gewölk, weiß er, es kann nicht – kann die Sonne nicht verbergen.
Sturmwind heult ... und Donner poltert ... überm abgrundtiefen Meer – flammen blau die Wolkenschwärme. Und das Meer fängt Blitzespfeile, löscht sie aus in seinem Strudel. Und wie Feuerschlangen winden sich im Meere und verschwinden Spiegelbilder dieser Blitze.
»Sturmwind! Bald erdröhnt der Sturmwind!«
Seht den stolzen Sturmverkünder! Stolz hinschwebend zwischen Blitzen, überm Zorngebrüll des Meeres, schreit er, ein Prophet des Sieges: »Immer stärker tobe, Sturmwind!«
(GORKI)

Die Natur

Natur! Wir sind von ihr umgeben und umschlungen — unvermögend, aus ihr herauszutreten, und unvermögend, tiefer in sie hineinzukommen. Ungebeten und ungewarnt nimmt sie uns in den Kreislauf ihres Tanzes auf und treibt sich mit uns fort, bis wir ermüdet sind und ihrem Arme entfallen. Lauthäufungen
Sie schafft ewig neue Gestalten; was da ist, war noch nie; was war, kommt nicht wieder — alles ist neu und doch immer das Alte.
Wir leben mitten in ihr und sind ihr fremde..Sie spricht unaufhörlich mit uns und verrät uns ihr Geheimnis nicht. Wir wirken beständig auf sie und haben doch keine Gewalt über sie.
Sie scheint alles auf Individualität angelegt zu haben und macht sich nichts aus den Individuen. Sie baut immer und zerstört immer, und ihre Werkstätte ist unzugänglich.
Sie lebt in lauter Kindern; und die Mutter, wo ist sie ? — Sie ist die einzige Künstlerin: aus den simpelsten Stoffen zu den größten Kontrasten; ohne Schein der Anstrengung zu der größten Vollendung — zur genausten Bestimmtheit, immer mit etwas Weichem überzogen. Jedes ihrer Werke hat ein eigenes Wesen, jede ihrer Erscheinungen den isoliertesten Begriff, und doch macht alles eins aus.
Sie spielt ein Schauspiel; ob sie es selbst sieht, wissen wir nicht, und doch spielt sie's für uns, die wir in der Ecke stehen.
Es ist ein ewiges Leben, Werden und Bewegen in ihr, und doch rückt sie nicht weiter. Sie verwandelt sich ewig, und ist kein Moment Stillestehen in ihr. Fürs Bleiben hat sie keinen Begriff, und ihren Fluch hat sie ans Stillestehen gehängt. Sie ist fest. Ihr Tritt ist gemessen, ihre Ausnahmen selten, ihre Gesetze unwandelbar.
Gedacht hat sie und sinnt beständig; aber nicht als ein Mensch, sondern als Natur. Sie hat sich einen eigenen allumfassenden Sinn vorbehalten, den ihr niemand abmerken kann.
Die Menschen sind all in ihr und sie in allen. Mit allen treibt sie ein freundliches Spiel und freut sich, je mehr man ihr abgewinnt. Sie treibt's mit vielen so im verborgenen, daß sie's zu Ende spielt, ehe sie's merken.
Auch das Unnatürlichste ist die Natur. Wer sie nicht allenthalben sieht, sieht sie nirgendwo recht.
Sie liebet sich selber und haftet ewig mit Augen und Herzen ohne Zahl an sich selbst. Sie hat sich auseinandergesetzt, um sich selbst zu genießen. Immer läßt sie neue Genießer erwachsen, unersättlich, sich mitzuteilen.

Sie freut sich an der Illusion. Wer diese in sich und andern zerstört, den straft sie als der strengste Tyrann. Wer ihr zutraulich folgt, den drückt sie wie ein Kind an ihr Herz.
Ihre Kinder sind ohne Zahl. Keinem ist sie überall karg, aber sie hat Lieblinge, an die sie viel verschwendet und denen sie viel aufopfert. Ans Große hat sie ihren Schutz geknüpft.
Sie spritzt ihre Geschöpfe aus dem Nichts hervor und sagt ihnen nicht, woher sie kommen und wohin sie gehen. Sie sollen nur laufen. Die Bahn kennt *sie*.
Sie hat wenige Triebfedern, aber nie abgenutzte, immer wirksam, immer mannigfaltig.
Ihr Schauspiel ist immer neu, weil sie immer neue Zuschauer schafft. Leben ist ihre schönste Erfindung, und der Tod ist ihr Kunstgriff, viel Leben zu haben.
Sie hüllt den Menschen in Dumpfheit ein und spornt ihn ewig zum Lichte. Sie macht ihn abhängig zur Erde, träg und schwer und schüttelt ihn immer wieder auf.
Sie gibt Bedürfnisse, weil sie Bewegung liebt. Wunder, daß sie alle diese Bewegungen mit so wenigem erreicht. Jedes Bedürfnis ist Wohltat. Schnell befriedigt, schnell wieder erwachsend. Gibt sie eins mehr, so ist's ein neuer Quell der Lust; aber sie kommt bald ins Gleichgewicht.
Sie setzt alle Augenblicke zum längsten Lauf an und ist alle Augenblicke am Ziele. Sie ist die Eitelkeit selbst; aber nicht für uns, denen sie sich zur größten Wichtigkeit gemacht hat.
Sie läßt jedes Kind an sich künsteln, jeden Toren über sich richten, tausend stumpf über sich hingehen und nichts sehen und hat an allen ihre Freude und findet bei allen ihre Rechnung.
Man gehorcht ihren Gesetzen, auch wenn man ihnen widerstrebt; man wirkt mit ihr, auch wenn man gegen sie wirken will.
Sie macht alles, was sie gibt, zur Wohltat; denn sie macht es erst unentbehrlich. Sie säumet, daß man sie verlange; sie eilet, daß man sie nicht satt werde.
Sie hat keine Sprache noch Rede; aber sie schafft Zungen und Herzen, durch die sie fühlt und spricht.
Ihre Krone ist die Liebe. Nur durch sie kommt man ihr nahe. Sie macht Klüfte zwischen allen Wesen, und alles will sich verschlingen. Sie hat alles isoliert, um alles zusammenzuziehen. Durch ein paar Züge aus dem Becher der Liebe hält sie für ein Leben voll Mühe schadlos.
Sie ist alles. Sie belohnt sich selbst und bestraft sich selbst, erfreut und quält sich selbst. Sie ist rauh und gelinde, lieblich und schrecklich, kraftlos und allgewaltig. Alles ist immer da in ihr.

Vergangenheit und Zukunft kennt sie nicht. Gegenwart ist ihr Ewigkeit. Sie ist gütig. Ich preise sie mit allen ihren Werken. Sie ist weise und still. Man reißt ihr keine Erklärung vom Leibe, trutzt ihr kein Geschenk ab, das sie nicht freiwillig gibt. Sie ist listig, aber zu gutem Ziele, und am besten ist's, ihre List nicht zu merken.

Sie ist ganz, und doch immer unvollendet. So wie sie's treibt, kann sie's immer treiben.

Jedem erscheint sie in einer eigenen Gestalt. Sie verbirgt sich in tausend Namen und Termen und ist immer dieselbe.

Sie hat mich hereingestellt, sie wird mich auch herausführen. Ich vertraue mich ihr. Sie mag mit mir schalten. Sie wird ihr Werk nicht hassen. Ich sprach nicht von ihr. Nein, was wahr ist, und was falsch ist, alles hat sie gesprochen. Alles ist ihre Schuld, alles ist ihr Verdienst.
(GOETHE)

Um Mitternacht

Gelassen stieg die Nacht ans Land.
Lehnt träumend an der Berge Wand.
Ihr Auge sieht die goldne Waage nun
Der Zeit in gleichen Schalen stille ruhn;
   Und kecker rauschen die Quellen hervor;
   Sie singen der Mutter, der Nacht, ins Ohr
     Vom Tage,
Vom heute gewesenen Tage.

Das uralt alte Schlummerlied,
Sie achtet's nicht, sie ist es müd';
Ihr klingt des Himmels Bläue süßer noch,
Der flücht'gen Stunden gleichgeschwung'nes Joch.
   Doch immer behalten die Quellen das Wort,
   Es singen die Wasser im Schlafe noch fort
     Vom Tage,
Vom heute gewesenen Tage.
(MÖRIKE)

Pfirsichkauf

Was? Das soll ein Pfirsich sein?
Nein!
Wie können Sie es wagen,
Dieses faulige Matschige,
Schimmelige, Quatschige,
Braungestoßne, Filzige,
Quaddersoßenpilzige,
Moderruchbehaftete,
Gärig Angesaftete
Meinem Magen anzutragen!

Nun, er ist auch nicht zu essen.
Doch man sollte nicht vergessen,
Wie es um die Qualität
Seines Eigentlichen steht:
Dieser zwar so matschige,
Schimmelige, quatschige,
Braungestoßen filzige,
Quaddersoßenpilzige,
Moderruchbehaftete,
Gärig angesaftete
Pfirsich hat (ich möchte schwören,
Daß Sie es mit Freude hören)
Wirklich einen guten Kern!
Na, dann nehme ich ihn gern!
(Priewe)

Krähengesang

Am Mittag war's mild. Der Schnee wurde dünn, und der Frühling war nah. Ein Krähenmännchen sang aus dem Hochwald. Es war kein liebliches Lied, es war kein Gekrächz; es war ein rauhes Schluchzen und Klagen. Ein Krähenweibchen, das auf einem Erlbaum in den Wiesen saß, horchte auf, putzte sein Gefieder und flog näher. Und wieder klagte das Krähenmännchen, und es klang, wie wenn ein ungeschmiertes Wagenrad sich im Sand quält. Da hockte das Krähenweibchen sich hin.
Die Liebe hat tausendmal tausend Stimmen.
(Strittmatter)

Nutzlast

Der Nachthimmel reißt, und der Morgen zeigt sich. Der Seidenhahn kräht. Meine scharrende Schaufel hat ihn erregt. Der Nachbar klopft seinen Striegel aus. Die Spatzen plustern sich unter den Sparren des Dachs. Der erste Traktor stampft in den Wald. Sein Anhänger klimpert und hüpft hinterdrein. Am Mittag kommt er beladen zurück und klimpert nicht mehr und hüpft nicht mehr; er ist beladen — mit nützlichem Holz.
(STRITTMATTER)

Ins Dampfbad — welch ein Minospalast! Vom Schwimmtrakt kommend, steigst du aus dem Hof ein paar Stufen hinauf, durchquerst einen Flur und gelangst nach einer Halle mit schwitzenden alten Männern in Mänteln und Hüten durch eine Tür mit der Aufschrift AUSGANG in einem von Laken durchwandelten, alptraumhaft aus der Nacht einer Schraubendrehung zu einer Eisenleiter hochführenden Kachelgang zum Sitz eines knebelbärtigen Wärters, der dir, nachdem er dich durchdringend gemustert und dein achtlos geknicktes Billett mißtrauisch beäugt, es gegen das Licht gehalten, durch Fingerreiben geprüft und in Steilsicht das Vorhandensein eines geheimen Paßzeichens visiert hat, eine handtellergroße Holzmarke aushändigt, die ein hinterm Gipfel der Eisenleiter in einer Art Zwinger beheimateter zweiter, noch knebelbärtigerer Wächter dann gegen ein kunstvoll zusammengefaltetes Leinensäckchen, eine Blechmarke samt Schlüssel und eine richtungsweisende Handbewegung von solcher, wenn auch vager, Großartigkeit eintauscht, daß du in dem wie ein Ghetto verfitzt- und verfilzten Wirrsal der aus Latten, Leisten, Stäben, Rosten, Lamellen, Ritzen, Fugen, Löchern und Luft gebildeten, heillos durcheinandernumerierten, käfighaft zwischen Käfigen über Käfige in den einen, rundum offen nach allen Seiten durchschau- und eben darum unergründbaren Käfig dieses Labyrinths von Gängen, Gaden, Nischen, Winkeln, Gaupen, Ecken, Verschlägen, Kauen und Koben sprossenden Kabinen, worein man dich nun stößt, nicht sofort kapitulierst, sondern voll Hoffnung, die deine zu finden, so lange die Koben, Kauen, Verschläge, Ecken, Gaupen, Winkel, Nischen, Gaden und Gänge dieses unergründ-, obwohl rundum offen nach allen Seiten durchschaubaren Labyrinthkäfigs der über Käfige zwischen Käfigen käfighaft sprossenden, heillos durcheinandernumerierten, aus Luft, Lö-

chern, Fugen, Ritzen, Lamellen, Rosten, Stäben, Leisten und Latten gebildeten, wie ein Ghettowirrsal verfitzt- und verfilzten Kabinen durchirrst, bis du, da auch all deine Fragen an die teils lakenumhüllten, teils lendenbeschürzten Schicksalsgefährten nur eine deutsche Nennung deiner Kabinennummer erwirken, begreifst, daß deine Hoffnung doch Hoffart gewesen und du dich schon glücklich preisen müßtest, auch nur zu dem Wächter zurückzufinden — da springt just aus jenem Knie, das schon fünfmal umbogen zu haben du ohne Zögern beschwören würdest, lächelnd und unübersehbar deine Kabine, und aufatmend trittst du ein, ziehst dich aus, stehst nackt, schaust dich um, lugst hinaus und schaust hinter Latten und Leisten und Luken zwischen Leisten und Luken und Latten nur Lakenumhüllte und Lendenumschürzte und wähnst dich in deiner Blöße ein zweites Mal am Ende: die endlich gefundne Kabine wieder verlassen, um eines lumpigen Leistenschurzes willen zurück ins verfitzt- und verfilzte Leistenlattenlamellenlöcherlukenluftlabyrinth käfighafter Kauen Gaupen Kojen Gaden Koben Gänge Kanäle Gatter Kabinen der rundum nach allen offenen Seiten
durchschau- nein; und da, schon bereit, lieber nackend hinauszugehn, gewahrst du, da du, deine Wertsachen zu verstauen, entschlossen das Säckchen entfaltest, daß dies Säckchen kein Säckchen, sondern ein Schurz ist, ein Lendenschurz aus grauem Leinen, mit einer Hanfschnur um die Hüfte zu knoten, begreifst es, tust es und gehst gleich allen andern mit beschürzter Blöße aufatmend hinaus und erkennst, daß du, denn du bist es, verloren bist: die Kabine findest du nimmermehr, die Kabine mit deinem Paß und deinem gesamten Geld und all deinen Papieren, doch ist's zu spät, kein Knie springt mehr vor, der Strom erfaßt dich und spült dich ins Unbekannte, und dich ins Schicksal ergebend und die Grippe verfluchend, die deinen Willen dermaßen gelähmt hat, treibst du im Strom, vorn beschürzt, hinten bloß, und nun wird das Treibgut gesondert: nur Lendenschurze noch, keine Laken, das Labyrinth verengt sich zum Gang, und der Gang schraubt sich, in unendlicher Krümmung sich verengend, hinunter in den Rachen der Hölle; Dampf wallt, Schweiß dünstet, Dunst dampft, wellende Wolken, schaukelnde Lichter, vorübergleitende Leiber, Keuchen und Tosen, Säulen erscheinen wie Schemen, Grotten, Höhlen, Stufen hinab und hinan und Becken mit Köpfen und flatternden Händen, der Boden ist glitschig, die Stufen sind schlüpfrig, die Wände sind salbig, du rutschst und faßt an Holz und greifst einen Riegel, und knarrend geht eine Tür auf und du erstarrst: Da sitzen, in kochender trockener Luft, um

ihren Fürsten Álmos geschart, die Helden der Landnahme, die
sieben Getreuen des Álmos, braunhäutige magyarische Recken,
die Mehrzahl schon silberhaarig, die Schnurrbärte schön geschwungen und von Turul-Falken der Blick; sie sitzen auf Recken-
gestühl, Holzsesseln mit breiter Brüstung, die schwert- und zügel-
müden Arme behaglich zur Ruh drauf zu legen, dieweil sie den
Worten des Fürsten lauschen, denn der da zu ihnen redet ist
Álmos, Sohn des Eleud, Sohn des Ugeg, Sohn des Ed, Sohn des
Chaba, Sohn des Ethele, Sohn des Bendeguz, Sohn des Turda,
Sohn des Scemen, Sohn des Etei, Sohn des Opus, Sohn des Ki-
chids, Sohn des Berend, Sohn des Zulta, Sohn des Bulchu, Sohn
des Bolug, Sohn des Zambur, Sohn des Zamur, Sohn des Leel,
Sohn des Levente, Sohn des Kulche, Sohn des Ompud, Sohn des
Miske, Sohn des Mike, Sohn des Beztur, Sohn des Budli, Sohn des
Chanad, Sohn des Buken, Sohn des Bondofard, Sohn des Farkas,
Sohn des Othmar, Sohn des Kadar, Sohn des Beler, Sohn des
Kear, Sohn des Kewe, Sohn des Keled, Sohn des Dama, Sohn des
Bor, Sohn des Hunor, Sohn des Nimrod, Sohn des Thana, Sohn
des Japhet, Sohn des Noah, der über die Sintflut zum Ararat
schwamm ... Die Stammväter Ungarns sind's, und Álmos spricht
zu ihnen vom Traum seiner Mutter, es gehe ein reißendes Wasser
aus ihr, das Strom werde in einer fremden Ferne, und Álmos
spricht von dem Land mit dem grünesten Gras und der schwär-
zesten Scholle und dem mehligsten Korn und dem süßesten Wasser, und es nicken die Fürsten, die sieben, die kampferprobten:
Árpád nickt, Vater des Zoltán, Vater des Toxum, und es nickt
Zobolch, Vater des Chak, und es nickt Gyula, Vater des Gyula,
Vater des László, und es nickt Cund, Vater des Kusid und des
Czupan, und es nickt Leel, der die Böhmen von Golgatha trieb,
gepriesen sein Name, und Werbulchu nickt, und es nickt auch Urs,
und Werbulchu winkt dem Fremdling, der demütig unter der
Pforte steht, einzutreten und das Tor zu schließen, und Gyula,
Vater des Gyula, Vater des László, Vater der sternschönen Sarolt,
weist nach dem Gestühl am Ende der Runde —

— doch da fahren
die Edlen entsetzt aus dem wägenden Sinnen, auffährt Álmos der
Alte und Árpád der Kühne und Zobolch der Burgenerbauer und
Gyula, Vater des Gyula, Vater des László und Vater der sternschönen Sarolt, und auffährt Cund und Leel und Werbulchu und
Urs mit dem längesten Bart unterm Kinn, auffahren alle und
runzeln die Brauen und Stirnen und senden acht mal zwei Blicke
aus Stahl und Zorn nach dem Fremdling, der es gewagt, den
Schurz von der Blöße zu nehmen und auf die Feuchte zu breiten,

die den Sitz des Gestühles bedeckte, und der nun schamrot sich wendet und flieht

Zwischen Säulen, in Nischen, unter Arkaden: Vier Becken, drei größere, ein kleineres, muschelförmig eines, eins stadionförmig, vom kleinsten zum größten das Wasser um jeweils vier Grad von achtundzwanzig auf vierzig Grad Celsius steigend, und auf dem Wasser im Rund der redenden Köpfe die Lätze gleich Lotosblüten

Dreizehn Leopold Blooms: welche Metamorphose

In der Sauna: Die Alten sind weggegangen; und nun sitzt überm Volk ein Athlet auf einer Stuhllehne und wringt sich. Verbissen, mit dem unerbittlichen Ernst eines Elftplazierten bei Kreismeisterschaften, quetscht er Pore um Pore das Wasser aus seinem Gewebe und läßt bei jedem Anheben des Ellbogens die Armmuskeln spielen, und keiner beachtet ihn, weise Nation! Während einer Viertelstunde behandelt er das Stück zwischen Schlüsselbein und Brustansatz der linken Seite, ich wäre neugierig, ob das Tempo so fortgeht, aber die Hitze treibt mich hinaus

und im Herzen der Schraube, in der Opfergrube zwischen zwei wuchtigen kurzen Treppen, wartet lächelnd der Minotaurus: Ein Jüngling, schön und schwarz wie nur ein Pasiphaïde steht er bis zum Gürtel nackt in der Mitte der Grube, und alle müssen an ihm vorüber, die Schurze fallen, nackt stehen die Opfer, und lächelnd verschmäht er und reicht einem jeden mitleidig ein Laken, die ganze Blöße zu verhüllen

und du betritts einen riesigen Saal, in dem auf vierzig Pritschen reglos und bleich und schauerlich ächzend vierzig vermummte Leiber liegen, indes an der Vorderfront vier Beschneider mit weit aufgerissenen Scheren lauern, und auch du mußt an ihnen vorbei, auch du

und an der Pediküre vorüber und abermals durch eine, und diesmal weihevolle leere Halle kehrst du durch den der Nacht sich entschraubenden Kachelgang zurück und klimmst gelassen in deinem Laken am Wärter vorüber die Leiter zum Wärter hinan, dieweil zwei linkische Neuankömmlinge verschüchtert ihre Billetts präsentieren und wieder drohst du im Labyrinth zu verirren; der Wärter im Zwinger hat auf die Frage nach deiner Kabine dir nur die Blechmarke abgenommen und in die Landschaft der Latten und Leisten hinein seine große Geste groß wiederholt, doch da nimmt Gyula, Vater des Gyula, Vater des László, Vater der sternschönen Sarolt, dich unterm Arm und führt dich, und plötzlich ist deine Kabine da und drinnen, o Wunder, Rock und Hose mit Geld und Paß und allen Papieren, und Gyula, Vater des Gyula, Vater des László, Vater der sternschönen Sarolt, fragt voller Neugier: »Was hat denn der Kunert Neues geschrieben

und durch den Ruhraum mit schwitzenden alten Männern in Mänteln und Hüten (zu welchen nach dieser Irrfahrt trotz deiner Mantel- und Hutlosigkeit nun auch du gehörst) und den Ausgang mit der Aufschrift EINGANG hinaus, und da rutscht der Hof weg; ich muß mich setzen, und mir ist nun wirklich bang vor dem Heimweg, doch da erscheint Ferenc, tatsächlich: dieses Bad ist Ungarns Akademie.
(FÜHMANN, aus »Zweiundzwanzig Tage oder Die Hälfte des Lebens«)

Lumpentum

Die reichen Leute, die gewinnt
Man nur durch platte Schmeichelei'n –
Das Geld ist platt, mein liebes Kind,
Und will auch platt geschmeichelt sein.

Das Weihrauchfaß, das schwinge keck
Vor jedem göttlich goldnen Kalb;
Bet' an im Staub, bet' an im Dreck;
Vor allem aber lob' nicht halb.

Das Brot ist teuer dieses Jahr,
Jedoch die schönsten Worte hat
Man noch umsonst – Besinge gar
Mäcenas' Hund, und friß dich satt!
(HEINE)

Liebesgedichte

1

Ich trat in mein Zimmer.

Die Fenster standen weit auf,
draußen
schien die Sonne.

Wie wunderbar!

Aus tiefstem, köstlichstem, noch taublättrigem Dunkelgrün,
schimmernd,
mitten im schattenkühlen Raum,
Rosen!
Ein ganzer Strauß!

Weiße, gelbe, lichtbraune,
rote,
zarte, blasse, rührend rosaknospende,
fast schwarzblau samtschwer schillernde
und traumhaft feurig lodernde aus wildem, prächtigstem Orange!

Langsam,
zauberisch, wie gebannt,
zog es mich
näher.

Ach, wie das duftete! Wie das wohltat!

Und ich stellte das Glas wieder auf meinen Schreibtisch.

Dort steht es nun,
funkelnd, farbigst, märchenschön,
und in alles, was ich schreibe, sinne und träume,
heimlich,
fällt sein lieber Schein!

2

Ein
großer ernster,
mystisch dunkelpurpurbrauner
Trauermantel,
mit

schlanken, spielenden Psychefühlern, zartem, tupfendem Roll-
       und   [rüssel
atmend,
zuckend, tuckend
weitauseinandergespreiteten,
zackig schwefelgelb gesäumten, bläulich lichtpunktig glimmenden
Schwingen
sich immer wieder mitten vor uns auf den Boden setzend,
immer wieder dicht vor uns aufflatternd,
lockte uns,
wie verzaubert, wie sphinxisch, wie pfadweisend,
feierlich,
durch
eine enge, lange, in graugrünen Windungen sich senkende Teufels-
           [zwirnschlucht,
in die wir uns noch nie verirrt hatten,
taumelnd, sich tummelnd,
abseits,
immer wieder weiter,
weiter und weiter.

An einer letzten,
wirrblätterich überstorrästelten,
fast betäubend duftenden Holunderbuschbiegung,
die uns mit ihren vielverstielt flachen,
gastlich, festlich,
juwelenkäferchenüberfunkelt, staubfädchenüberwirrwarrt,
weißgrünlich schwebenden,
über anderthalbhandbreiten Blütendoldentellern
den ganzen Ausblick noch zuerst versperrte,
plötzlich,
entschwand er!

3

In den violetten Winternachmittag,
durch einen in allen Edelsteinfarben wie tropisch, kaleidoskopisch,
           [utopisch
pracht-und prunkfunkelnden
Eispalmenwald,
zwischen dessen irisierende Schäfte, zwischen dessen szintillie-
           [rende Fächerkronen, zwischen
dessen hängende Lianenbrücken
wir uns kleine, possierliche, rundliche, zierliche,

talergroße Kucklöcher gehaucht hatten,
plaudernd, plappernd,
lachend, lustig,
herzeins, frohgemut, eng aneinandergeschmiegt,
lugten wir
aus unserem warmen Stübchen.

Die storre, knorre,
labyrinthisch, verworren, wunderlich verzweigte
Ulmenkrone
mit ihrem weißen, phantastischen, silbernadeligen Rauhreifgeäst,
das sich ganz dicht bis unter unser breites,
vorspringendes,
schon rötlich bestrahltes Mansarden-Doppelfensterchen drängte,
blitzte,
glitzte und glinzerte;
die sich drüben auf den anderen Platzseiten
geduckt die Häuser Entlangstapfenden
sahen wie puckelige,
aufgeplusterte,
bis an die Nasenspitzen eingemummelte Samojeden aus;
ein
plötzlich draußen,
unversehens, unvermutet,
unmittelbar über unseren Köpfen,
deutlich hörbar
herabholterndes, fensterblechaufpolterndes
regenbogenbunt zersprühendes Miniaturlawinchen
versetzte uns in hellstes Entzücken!
Wir waren wie zwei Kinder.

Jeder bitterbös fegende Windstoß,
der sich
in kreisenden, stiemenden, jagenden
Wirbeln
quer über die freie, offene, glattvereiste Fläche drehte,
erhöhte unser Wohlgefühl,
jedes sich tapfer um eine Ecke klingelnde Schlittenglöckchen
erfreute sich unserer beifälligsten Anerkennung,
den
feisten,
beinlosen besenbewehrten,
martialisch,

herausfordernd, kreuzfidel
seinen naßgrünen, rissigen, splintsplittersplissigen
[Rindenknubben
schmauchenden,
kartoffelknollennasig, steinkohlenaugig, apfelsinenschalenohrig
kürbisrundköpfigen, koksbrockenknöpfigen
überlebensgroßen
Schneemann,
dem eine, wie es schien, antipatriotische,
fröhliche,
mit Pelzmützen, Schmierstiefeln, Fausthandschuhen,
Ohrenklappen und gestrickten Wolljacken bewaffnete Jugend
den schiefen, zerbeulten,
festgefrorenen Kriegervereinszylinder schon halb abbombardiert
übermütig, [hatte
betitulierten wir: »Onkel Theodor«!
Das
emsigst, hurtigst, eiligst,
ruhelose, flinke,
geschäftig schnippische Rokokoührchen,
das hinter uns tickerte,
holte
schuckruckend unter seiner Glasglocke aus
und
schlug Vesperzeit.

Auf
dem geradfaltig glattgestrichenen, gleichakkuratzipfelig zurecht-
[gezupften,
mattschimmerig, mattschnörkelrankig, mattflimmerig
zwiebelblumenmustrigen
Tischtuch,
zwischen den beiden
buntblänkerigen, feuervergoldeten,
mit
erfreulichst, landschaftlich, lobenswertst
lieblicher,
arkadisch, idyllischst, schäferlich
niedlicher,
graziös, bravourös,
pritzeligst figürchendurchsetzter
Liliputmalerei
behaglich beschilderten, behäglich bebilderten,

behäbig ausladenden
Henkeltassen,
prangte,
umlegt noch von allerhand
Marzipan,
Keks und Konfekt,
der
mit siebenerlei verschieden geformten,
kunstvoll gestanzten, eigenhändigst von dir selbst gebackenen
Mürbeteigtörtchen voller eingemachter Früchte
sorglich versehene Kuchenteller;
die
traulich, anheimelnd,
goldgelblich hähnchenversehene,
in einer Art ragendem, rundbügelig tragendem,
höchst solidem
Galgen-,
Schafott- und Profoßgestell
hängende,
mit einem den betreffenden Siedesprudelvorgang gemächlich sich
[zu bekucken verstattenden,
kuppeligen, knopfigen Glassturz bekrönte
Kaffeemaschine
auf ihrem altväterischen, blankgeputzten,
das leise zuckende, tuckernde, bläuliche Flämmchenspiel
Messingtablett   [spiegelnden
dampfte, zischbiffte, puffte,
pustete und brodelte,
und
aus dem rotbraunen,
glänzig polierten, flamboyierten, maserich schattierten,
schweifflossigverschlungen delphinpaarüberzierten, von
[schmucken Ebenholzsäulchen flankierten,
halbrundlichen Kommodenschränkchen,
in einem tiefen,
geschliffenen, seidenpapierüberdeckten,
geheimnisvollen,
Spannung, Erregung, Ahnung, Hoffnung, Erwartung erwecken-
[den Kristallschälchen,
überraschtest, überrumpeltest,
überwältigtest
du mich
mit einer betäubend, märchenhaft,

liebevoll großen, blendend, schneeig, wohltuend gewölbten,
mächtigen, prächtigen,
verlockend, verführerisch, chamoisfarben,
baiserbröselchendurchspickten, baiserbröselchendurchknickten,
[baiserbröselchendurchquickten
Doppelportion Schlagsahne.

Noch nie,
seit die Welt besteht,
hatte einem vom Weibe Geborenen
Irdisches
so
seelenvoll geschmeckt!

An einem krisselig ovalen, schillerig opalen,
wunderschön orangegelb gefüllten
Zuckergußkringel von unserem Weihnachtsbaum,
dem schlecker-lecker allerletzten,
mit seinem hellichten, rührenden, drollig verschiebbaren Luft-
pietätvoll, [bläschen,
wollte sich keiner mehr
vergreifen.

Edelmütig und wohlwollend satt
schob ihn
einer dem anderen zu.

Beinahe,
es fehlte wirklich nicht viel,
hätten wir uns ... um ihn gekabbelt!
Endlich
losten wir ihn aus.
Du ... gewannst ihn. Ich ... mußte ihn aufessen!
(HOLZ)

Register

A (Mittelzungenvokal)
— in Wort- und Satzübungen 79f.
Ä (Vorderzungenvokal)
— in Wort- und Satzübungen 89f.
— ä/e 83
ÄU siehe EU
AI siehe EI
Ansatzübung 33f.
Atemschnüffeln 20
Atemstütze 13, 21
Atemwurf 31ff., 36f. 73, 89
Atmung 12
— Flankenatmung 17
— kombinierte A. 12, 19ff.
— Nasenatmung 12, 20
— Rückenatmung 17
Atmungsübungen 19ff.
Atmung und Dichtung 22f., 93ff.
AU (Diphthong)
— in Wort- und Satzübungen 87f.
Ausbrüche 89f.
— in Textbeispielen 101, 104, 105
Ausrufe 89f.

B (Stimmhafter Verschlußlaut)
— mit Atemwurf 36
— bl 42
— br 64
— mb (Ableitung) 42
— rb 67
— im Satz 42, 44
— in Wortübungen 41
B/P 44

ĆH (Stimmloser Engelaut = Ich-Laut)
— ćh/ch 62
— ćhs 53
— ćh + sch 57
— ćh + ss + sch 57
— in Geläufigkeitsübungen 71
— g/ćh/ch 63
— -ig 51
— rćh 67
— im Satz 51
— sch + ćh 56
— in Wortübungen 51
CH (Stimmloser Engelaut = Ach-Laut)
— ćh/ch 62
— g/ćh/ch 63
— r/k/ch 67
— in Wortübungen 62

D (Stimmhafter Verschlußlaut)
— Ableitung 45
— mit Atemwurf 37
— dr 65
— nd 49
— rd 67
— im Satz 45
— in Wortübungen 45
Diphthongvergleiche 88
D/T 46

E (Vorderzungenvokal)
— zur Bildung 13
— e/ä 83
— in Wort- und Satzübungen 82
EI (Diphthong)
— in Wort- und Satzübungen 87

Einsatz
— Konsonanteneinsatz 14, 32f., 73
— Schließeinsatz 14, 71ff.
— Sprengeinsatz 14, 33, 72ff.
— Stimmeinsatz 14, 33, 72ff.
Entspannungsübungen
— der Hals- und Gesichtsmuskeln 18
— im Liegen 16
— im Sitzen 17
— im Stehen 18
EU (Diphthong)
— in Wort- und Satzübungen 86

F (Stimmloser Engelaut)
— fl 39
— f/pf 44
— fr 65
— ft 39
— in Konsonantenverbindungen 69
— nf 39
— pf 43
— rf 67
— in Sätzen 39f.
— in Wortübungen 39
Flüstern 35
— Flüsterübung 35
Formungswillen 14
F/W 40f.

G (Stimmhafter Verschlußlaut)
— siehe Stimmhaftes Sch 56
G (Stimmhafter Verschlußlaut)
— g/ćh/ch 63
— gl 58
— gr 66
— ng (Nasallaut) 61f.
— rg 66

— im Satz 58
— in Wortübungen 58
Gähnstellung 23
Gähnübung 23
Geläufigkeitsübungen 33, 70f. 85f., 88
— in Textbeispielen 107ff.
G/K 60f.
Grundgesetze des Sprechens 12ff.

H (Gehauchter Stimmeinsatz = Schließeinsatz)
— zur Ableitung des Vokaleinsatzes 73
— im Satz 72
— im Text 102
Hören, funktionelles 14
Hörerbezug 14, 21, 35

I (Vorderzungenvokal)
— zur Bildung 13
— i/ü 79
in Wort- und Satzübungen 84f.
Indifferenzlage 14

J (Stimmhafter Engelaut)
— in Satzübungen 50
— in Wortübungen 50

K (Stimmloser Verschlußlaut)
— Ableitung 60
— kl 59
— kn 59
— in Konsonantenverbindungen 59
— kr 66
— ks 70
— kss 59
— kw 59
— rk 67
— r/k/ch 67

– im Satz 60
– in Wortübungen 59f.
Kauübung 28ff. 37
Kehlkopf
– Tiefstellung des Kehlkopfes 13, 23
– Kehlkopfübung 23, 31ff. 72f.
K/G 60f.
Kieferöffnungsweite 13
– Kieferschütteln 25
Klopfmassage 19
Körperhaltung 12, 18, 19f.
– Überspannung 12
– Unterspannung 12
– Körperwurfübung 26
Konsonantenhäufungen 70f.
– in Textbeispielen 97ff., 103, 116ff.
– Konsonantenverbindungen 69f.
Kopfdrehen 26
– Kopfschütteln 25

L (Stimmhafter Engelaut)
– bl 42
– fl 39
– gl 58
– kl 59
– in Konsonantenverbindungen 69
– ls 52
– lz 54
– pl 43
– rl 67
– im Satz 47f.
– schl 56
– in Wortübungen 47
Lautgriff 13
– Lautgriffübungen 31ff.
Lauthäufungen 70f.
Lippenrundstellung 13
– Lippenübung 24f.

Lockerungsübungen 23ff.
– in Textbeispielen 93ff.
Lungenfeger 21

M (Nasallaut)
– in Kauübungen 37
– in Konsonantenverbindungen 48
– mb 42
– rm 67
– im Satz 48f.
– schm 56
– in Wortübungen 48
Mitteilungswillen 14
Mundvorhof 13, 34f.

N (Nasallaut)
– in Kauübungen 37
– kn 59
– in Konsonantenverbindung 49, 69
– nf 39
– nsch 57
– rn 67
– im Satz 50
– schn 56
– in Wortübungen 49
NG (Nasallaut)
– ng + g 61
– ngk 61
– im Satz 62

O (Hinterzungenvokal)
– in Wort- und Satzübungen 75
Ö (Vorderzungenvokal)
– ö/e 76
– in Wort- und Satzübungen 76f.

P (Stimmloser Verschlußlaut)
– mit Atemwurf 36
– in Konsonantenverbindung 69

– mp 43
– pf 43f.
– pf/f 44
– pfl 43
– pl 43
– pr 64
– ps 53
– im Satz 44
– schp 55
– sp 43
– in Wortübungen 43f.
P/B 44
Pleuelübung 23

Q siehe kw 59

R (Stimmhafter Schwinglaut)
– Ableitung des Zäpfchen-R 63f.
– Ableitung des Zungen-R 64
– br 64
– dr 65
– fr 65
– gr 66
– kr 66
– pr 64
– rb 67
– rćh 67
– rd 67
– rf 67
– rg 66
– rk 67
– r/k/ch 67
– rl 67
– rm 67
– rn 67
– r + r 70
– rs 67
– rsch 67
– rt 67
– rw 67
– rz 67
– im Satz 68

– schr 66
– im Text 97ff. 110ff.
– tr 64
– in Wortübungen 64ff.
– wr 65
Raumbezug 14
Resonanzräume 13, 23
– Resonanzübungen 28ff.
– – im Text 95ff.

S und SS (Stimmhafter und stimmloser Engelaut)
– ćhs/ćhss (Korrektur von Sigmatismen 53
– ćhss + sch 57
– in Geläufigkeitsübungen 70, 103
– ks 70
– kss 59
– ls/lss 52
– pss 53
– rs 67
– im Satz 53
– ssp 43, 52
– ss + sch 56
– s/ss 53
– ss + z 54, 70
– sch + s 57
– im Text 97ff. 110ff.
– ts 53
SCH (Stimmhafter Engelaut, geschrieben mit G) 56
SCH (Stimmloser Engelaut)
– ćh + sch 57, 71
– ćhss + sch 57
– nsch 57
– rsch 67
– im Satz 57
– ss + sch (Korrektur des sch) 56
– sch + ćh 56
– schl 56
– schm 56

– schn 56
– schp 55
– schr 66
– scht 55
– schw 56
– im Text 97ff. 110ff.
– tsch 57
– in Wortübungen 55
– zsch 57
Sprechlage, natürliche 14
Sprechwerkzeuge 14
Steigerungsübung 33, 89f.
– im Text 101, 104ff.
Stimmeinsatz 13f., 33
Summübungen 30

T (Stimmloser Verschlußlaut)
– mit Atemwurf 37
– ft 39
– in konsonantenverbindung 69
– rt 67
– scht 55f.
– im Satz 46
– st 52
– tr 64
– ts 53
– tsch 57
– tz 54
– in Wortübungen 45f.
T/D 46
Textbeispiele 93ff.
Training, autogenes 17
– tägliches Training 91f.

U (Hinterzungenvokal)
– in Wort- und Satzübungen 77f.

Ü (Vorderzungenvokal)
– ü/i 79
– in Wort- und Satzübungen 78f.

V siehe W oder F
Vokaleinsatz 14, 33, 72ff.
– Vokalübungen 73ff.
– – im Text 100ff.
– Vokalvergleiche 76, 79, 83, 85f., 88
Vollatmung 12, 19ff.

W (Stimmhafter Engelaut)
– mit Atemwurf 36
– kw (= qu) 59
– rw 67
– im Satz 38f., 40f.
– schw 56
– in Wortübungen 38, 40
– wr 65
– zw 54
W/F 40f.

X siehe kss 59

Z (Konsonantenverbindung aus t + ss)
– in Geläufigkeitsübungen 70f.
– lz 54
– rz 67
– im Satz 54
– ss + z 54, 70
– im Text 97ff., 105f., 110ff.
– in Wortübungen 54
– zsch 57
– zw 54
Zungenkontakt 13
Zungenübungen 23, 24, 25, 26f.

127

ISBN 3-362-00416-4

8. Auflage
Verlagsrechte bei Henschelverlag Kunst und Gesellschaft,
DDR–Berlin 1965
Lizenz-Nr. 414.235/15/89
LSV-Nr. 8405
Gesamtgestaltung: Henry Götzelmann
Printed in the German Democratic Republic
Satz: Gutenberg Buchdruckerei und Verlagsanstalt Weimar,
Betrieb der VOB Aufwärts
Fotomechanischer Nachdruck: IV/10/5 Druckhaus Freiheit Halle
6240368
00750